역주 고문효경

역주 고문효경

역 주 김덕균
펴낸이 김기창

편집디자인 김숙경
표지디자인 정신영
초판 1쇄 펴낸날 2008년 9월 1일

도서출판 문사철
서울특별시 종로구 명륜동 1가 51번지 트리플 빌딩 102호
전화 02)741-7719 / 팩스 0303)0300-7719
전자우편 bk010@naver.com
출판등록 제 300-2008-40호

ISBN 978-89-961193-1-9

책값은 뒤표지에 있습니다.

역주 고문효경

김덕균 역주

도서출판 **문사철**

책을 내놓으며

효란?

생명에 대한 사랑이다. 가깝게는 자신의 부모와 가족에 대한 사랑이요, 멀게는 주변 이웃과 공동체에 대한 사랑이며, 나아가서는 자연에 대한 사랑이다. 효제충신(孝悌忠信)을 늘 함께 말한 것도 이 때문이고, 동식물에 대한 애호를 효라 한 것도 같은 맥락이다. 특히 자연생태 환경보호까지도 효의 범주에 넣은 것은 인상적이다. 『대대예기』「증자대효」편에 이런 내용이 있다.

"(증자가) '수목을 때에 맞추어 베고, 새와 짐승을 때에 맞추어 잡아야 합니다.' (라고 하자) 공자가 '한 그루의 나무를 베고 한 마리의 짐승을 죽이는 데에도 그 때에 맞추지 않으면 효도가 아니다.'고 하였다." (樹木以時伐焉, 禽獸以時殺焉. 夫子曰, 斷一樹, 殺一獸, 不以其時, 非孝也.)

일상적 도리 차원에서 동식물 보호를 말하자 공자가 모든 행위의 근본인 효로써 그 의미를 강조하며 부연한 대목이다. 자연환경보호를 효의 범주로 보는 의미 있는 내용이 아닐 수 없다. 이렇듯 효는 모든 생명에 대한 사랑이라 할 수 있다.

그 중에서도 특별히 부모·어른·공동체에 대한 사랑은 인간만이 갖는 도덕 윤리이기 때문에 더욱 소중하다. 부모의 자녀사랑과 양육이 동물적 본능이라면, 자녀의 부모·어른·공동체에 대한 사랑은 인간만이 갖는 도덕 윤리라 할 수 있다. 도덕 윤리가 인간만이 갖는 특징이란 것이다. 짐승은 자신의 아비나 어미를 공경하지 못한다. 양육되어 자라나 둥지를 떠나면 그만이다. 아비나 어미도 그것으로 의무를 다한 것이고, 자신이 기른 새끼로부터 보호나 양육을 받지 못한다.

그렇다면 효를 가리켜 인간의 '모든 행위의 근본'이라 말함도 과언은 아니다. 인간이 동물과 다름을 나타낼 수 있는 길이 효에 있기 때문이다. 오랜 옛날부터 『효경』을 그 어떤 경전보다 소중히 여기며 다뤄온 것도 이 때문이다. 비록 역사의 흐름 속에서 일방적, 수직적 이데올로기란 비난도 감수하였지만, 효 본래 정신만은 훼손할 수 없었던 것이다.

그동안 『효경』에 대한 수많은 역주서가 나왔다. 전문 학자뿐만 아니라 국가의 최고지도자들까지도 『효경』 역주서 편찬에 참여하였다. 중국에서만 5백여 종의 주해서가 나왔다. 우리나라에서도 이루 헤아릴 수 없을 정도의 역주서가 쏟아졌다. 이 책도 그 가운데 하나가 될 것이다.

하지만 아무리 많은 역주서라 하더라도 조금씩 그 내용을 달리한다. 해석하는 사람마다 조금씩 견해가 다르다는 것이다. 그 다름과 차이를 확인하는 것도 원전 공부의 재미가운데 하나다. 이런 다름과 차이를 확인하는 것이 때론 공부이기 때문이다. 막상 그 차이를 발견하며 그걸 또 다시 책으로 엮고 싶다는 충동을 이기지 못하고 이렇게 또 하나의 역주서를 내놓게 되었다.

특별히 이 역주서가 이미 나와 있는 것과 크게 다른 점은 없다. 다만 두 가지 특징을 말하고 싶다. 첫째, 이 역주서는 『고문효경』을 중심으로 해석하고 『금문효경』을 참고하였다는 점이다. 이것은 기존 번역서에서 양자를 명확히 구분하지 않은 것에 대한 선긋기를 하고 싶었기 때문이다. 둘째, 『효경』을 현대 중국어로 읽을 수 있도록 한어병음자모를 수록한 일이다. 고전을 고전으로만 접하기 보다는 현대 중국어로 읽어보는 것도 색다른 맛이 있을 것이란 판단에서다.

끝으로 부모공경으로만 알았던 효의 의미를 경천애인은 물론 나라사랑, 인류봉사, 자연환경보호 등으로 다양한 해석의 틀을 일깨워주신 성산효대학원대학교 최성규 총장님과 특별할 것도 없는 이 책을 선뜻 출판하도록 용기를 준 선배 김갑수 박사님과 문사철 출판사 김기창 대표께도 감사를 드린다.

2008년 8월

성산연구실에서 김덕균 씀

곡부 공묘 노벽(魯壁)

노공왕(魯恭王)이 자신의 궁을 증축하려고 공자의 구택을 부수었을 때, 그 벽에서 고문상서, 예기, 논어, 효경 등이 나왔다.(산동 곡부)

증자묘

문화대혁명시 파괴된 증자묘.(산동 가상현) 지금은 복원되었지만 복원 직전의 모습. 효자로 소문난 증자가 효경의 저자라는 설도 있으나 그 제자들이 저술했다는 설이 더 유력하다.

효문화박물관과 효자로 소문난 공자의 제자 민자건묘(산동 제남)

서안 비림박물관 석대효경(石臺孝經)

745년 당현종이 서문을 쓰고 주석한 효경을 장안(長安)의 대학 앞 돌판에 새겨 많은 사람들로 하여금 볼 수 있도록 하였다.(중국 서안)

일러두기

- 이 역주서는 北山先生輯 『孝經集覽』에 수록된 『고문효경』을 저본으로 하고, 『금문효경』을 중심으로 한 『御註孝經』을 참고로 하였다. 아울러 『금문효경』을 저본으로 한 汪受寬 譯註 『孝經』(上海古籍出版社, 2007年 4月)도 크게 참고하였음을 밝혀둔다.
- 번역은 가급적 직역을 위주로 하였고, 필요한 부분은 주석으로 뜻의 난해함을 해소하였다.
- 각 장마다 내용에 따라 풀어쓴 제목을 달고 본래의 명칭도 함께 표기하였다.
- 원문은 『고문효경』을 따랐고, 『금문효경』과 다른 것은 주석으로 달아 놓았다.
- 원문을 현대 중국어로도 읽을 수 있도록 한어병음자모를 함께 표시하였다.
- 부록으로 공안국의 「古文孝經序」와 『금문효경』 원문을 수록하였다.

차례

『효경』에 대해

1. 『효경』이란?

『고문효경』 제8장 「삼재장」에 “공자가 말했다. ‘대저 효란 하늘의 법칙이며, 땅의 질서이며, 백성들이 행해야 할 것이다.’(子曰, 夫孝天之經也, 地之誼也, 民之行也.)”란 문장의 첫 구절에서 ‘효(孝)’와 ‘경(經)’을 따서 『효경』이라 이름 한 것이다.

2. 『효경』의 저자는?

선진(先秦)으로부터 서한(西漢)시대에 이르기까지 일반적으로 저술에는 작자를 표시하지 않는 것이 유행이었다. 자신의 이름이 서명으로 불린 것은 그 제자들과 후학들의 손에 의한 것일 뿐 본인들은 서명과 저자를 밝히지 않았다. 『효경』의 저자도 누구인지 정확히 밝혀져 있지 않았기 때문에 훗날 여러 설들이 난무하였다. 그 다양한 설 가운데 대표적인 몇 가지만 소개해 본다.

1) 공자설 : 『한서(漢書)』 『백호통의(白虎通義)』에 나오는 주장이다. 유흠(劉歆, BC 53~23), 하휴(何休, 129~182), 정현(鄭玄, 127~

200), 왕숙(王肅, 195~256) 등도 이 설을 주장했다. 반고(班固, 32~92)의 『한서』「예문지(藝文志)」권10에 전한(前漢) 무제(武帝) 말, 노(魯) 공왕(恭王)이 자신의 궁을 증축하려고 공자의 구택을 부수었을 때, 그 벽에서 『고문상서』, 『예기』, 『논어』, 『효경』 등이 나왔다고 한다. 「예문지」에 "수 십 편, 모두 고자(古字)로 씌어진 것이다."라는 기록이 있고, 그 다음 문장에 "효경은 공자가 증자에게 효도에 대해 말한 것이다."라 하였다. 그러나 이 내용만 갖고 공자가 『효경』의 저자라고 말하기는 어렵다.

2) 증자설 : 『고문효경』의 서문을 쓴 공안국(孔安國, ? ~ ?, 공자의 12대손)의 주장이다. 『사기』 제7 「중니제자열전(仲尼弟子列傳)」에 "증삼은 (노나라) 남무성인으로 자는 자여, 공자보다 46세 어리다. 공자는 (증삼이) 효도에 능통하다고 생각하고 그에게 가르침을 주어 효경을 짓게 하였다. (그 후 증삼은) 노나라에서 죽었다."(曾參, 南武城人, 字子輿, 少孔子四十六歲. 孔子以爲能通孝道, 故授之業. 作孝經. 死於魯.)고 한데 근거한다.

3) 공자문인설 : 송대 사마광(司馬光, 1019~1086)의 『고문효경지해서(古文孝經指解序)』에서 "성인이 말씀하신 것은 경으로 삼고 실천하신 것은 법으로 삼는다. 그러므로 공자와 증삼이 효를 논한 것을 문인들이 기록하였는데, 그것을 『효경』이라고 한다."(聖人言則爲經, 動則爲法, 故孔子與曾參論孝, 而門人書之, 謂之孝經.)고 하였고, 청대 모기령(毛奇齡, 1623~1716)의 『효경문(孝經問)』에서는 "이것(효경)은 춘추전국시대 70명의 공자 제자들의 저작이다. 그 후 『논어』를 나누고 『대학』, 『중용』, 『공자한거(孔子閑居)』, 『중니연어(仲尼燕語)』, 『방기(坊記)』, 『표기(表記)』 등 여러 편들을 동시에 나누었는데, 마치 한 사람 손에서 나온 것과 같다. 그래서 매번 한 장을 설명할

때마다 반드시 몇 마디 경전을 인용하여 설명하였다."(此是春秋戰國間七十子之徒所作, 稍後分論語, 而與大學中庸孔子閑居仲尼燕語坊記表記諸篇同時, 如出一手. 故每說一章, 必有引經數語以爲證.)고 하였고, 『사고전서총목제요』에서도 『효경』을 "70문인의 유서(遺書)"라고 하였는데, 이에 근거한다.

4) 증자문인설 : 조공무(晁公武)의 『군재독서지(郡齋讀書志)』에 "지금 (효경의) 첫머리에 '중니거(仲尼居), 증자시(曾子侍)'라 한 것을 보면 공자의 저작은 아닌 게 분명하다. 문장 내용을 자세히 보면 마땅히 증자 제자들이 쓴 것이다."(今其首章云, 仲尼居, 曾子侍, 則非孔子所著明矣. 詳其文書, 當是曾子弟子所爲書.)고 하였고, 남송 왕응린(王應麟)의 『곤학기문(困學紀聞)』권7에서 호인(胡寅)이 말한 "효경은 증자 스스로의 저작이 아니다. 증자가 공자에게 효에 대하여 질문한 것을 물러나와 그 제자들에게 말하자 (그것을) 주제별로 기록하여 책을 만든 것이다."(孝經非曾子所自爲也, 曾子問孝於仲尼, 退而與門弟子言之, 門弟子類而成書.)고 하였고, 주자(朱子)도 『효경간오(孝經刊誤)』에서 "효경은 공자와 증자의 문답으로 증자의 문인들이 기록한 것이다."(孝經, 夫子·曾子問答之言, 而曾子門人記之也.)라고 한데 기인한다.

5) 자사설(子思說) : 남송 왕응린의 『곤학기문』에는 또 "풍씨가 말하기를 자사가 중용을 저술하며 할아버지의 말씀을 추술(追述)하였는데, … 이 책(효경)도 마땅히 자사의 손으로 이루어졌다."(馮氏曰, 子思作中庸, 追述其祖之語, … 是書當成於子思之手.)고 한데 근거해서 『효경』을 증자의 제자이자 공자의 손자인 자사의 저술로 말하고 있다.

6) 맹자문인설 : 왕정기(王正己)의 『효경금고(孝經今考)』에서 “총괄적으로 보자면 효경의 내용은 맹자사상에 매우 근접하다. 따라서 효경은 대략 맹자 문인들의 저술로 단정할 수 있을 것이다.”(總之孝經的內容, 很接近孟子的思想, 所以孝經大概可以斷定是孟子門弟子所著的.)라고 한데서 비롯하였다.

7) 한대 유자설[漢儒說] : 명대 『오정한집(吳廷翰集)』에서 “효경에는 많은 내용이 공자의 말이 아니다. 한대 유학자들이 부회하여 나왔다는 것은 의심의 여지없다.”(孝經一書, 多非孔子之言, 出於漢儒附會無疑.)고 하였고, 청대 요제항(姚際恒)의 『고금위서고(古今僞書考)』에서 “이 책은 한유에게서 나왔다. 공자의 저작이 아닐 뿐만 아니라 주진(周秦)시대의 말도 아니다.”(是書來歷出於漢儒, 不惟非孔子作, 幷非周秦之言也.)라고 한데 기인한다.

그렇다면 『효경』의 저자는 누구인가? 이것을 밝히기 위해서는 『효경』의 저작 년대를 알지 않으면 안 된다. 진(秦)나라 때(BC 241년) 여불위(呂不韋)가 편찬한 『여씨춘추』에서 여러 차례 『효경』을 인용하였으니, 분명한 것은 진나라 이전에 저술되었다는 점이다. 한나라 유자설은 그렇기 때문에 해당이 없다.

왕의 신분으로 『효경』에 주를 단 위문후(魏文侯, BC 446~396 재위)를 기준으로 본다면 적어도 『효경』은 BC 396년 이전에 나왔을 것이다. 그렇다면 위문후보다 늦게 태어난 맹자(BC 372~289)와 그 제자들도 『효경』의 저자 명단에서 빠질 수밖에 없다.

이렇게 본다면 『효경』의 작자로는 위문후 이전에 활동한 공자(BC 551~479)와 위문후와 같은 시기를 살았던 인물 아니면 조금 빠른 시기에 활동한 증삼(BC 505~436)과 자사(BC 483~402), 그리고 그들의 문인들만 남는다.

이렇듯 시기만 놓고 본다면 『효경』의 저자를 공자, 증자, 자사, 또는 그들의 문인들로 압축할 수 있지만, 더 이상 구체적으로 확인할 길이 없다. 이제 『효경』에 표현된 명칭에 주목한다면 다시 작자의 범주는 좁아질 것이다. 명칭과 호칭은 공자를 비롯 유가에서 매우 중시하는 부분이기 때문이다.

『효경』에서는 공자를 '중니(仲尼)' 아니면 '자(子)'라 했다. '중니'는 공자의 자(字)이고, '자'는 다른 사람이 상대를 존중할 때 사용하는 표현이므로 공자가 『효경』의 저자일 수는 없다. 공자 스스로 자신을 존경하며 '중니'라 하지는 않았을 것이기 때문이다. 또한 『효경』에 자주 보이는 '자왈(子曰)'의 '자' 역시도 다른 사람이 부르는 존칭어이므로 스스로 '자왈'할 수는 없었을 것이니, 공자는 분명 『효경』의 저자가 될 수 없다.

이것은 증삼(曾參)을 '증자(曾子)'라 한데서도 확인되는데, 스승 공자가 자기의 제자에게 '자'를 붙였을 리 만무하기 때문이다. 또한 증자 스스로 자신을 증자라고도 할 수 없었을 것이다. 그런 점에서 증삼 역시도 공자와 더불어 『효경』의 저자가 될 수 없다. 물론 「개종명의장」에서 "仲尼閒居, 曾子侍坐. 子曰. '參, 先王有至德要道, 以訓天下, 民用和睦, 上下亡怨. 女知之乎.' 曾子辟席曰, '參, 不敏, 何足以知之乎.'"라고 한 대화를 보면 증삼이 자신을 '삼(參)'이라 표현한 대목이 나오는데, 이것은 스승 공자 앞에서 그럴 수밖에 없는 겸양화법이기 때문이다.

이렇게 볼 때 공자와 증자는 『효경』의 저자로 적당하지 않다. 이제 남는 것은 공자의 제자들과 증자의 제자들이다. 하지만 공자의 제자들은 『한비자』 「현학」편을 통해 보자면 여덟 개 학파로 나뉘어 각기 다른 사상적 편향을 보였고, 효에 대한 강한 집착은 증자학파가 특별났다. 『효경』의 저자군으로 증자의 제자그룹이 가장 유력하다는 것이다. 물론 거기에는 자사도 포함된다.

3. 『효경』의 종류

크게 『금문효경』과 『고문효경』으로 나눌 수 있으나, 이것도 각기 다양한 판본이 존재한다. 유가의 13경 가운데 하나이면서 사서(四書)만큼이나 존중되어온 『효경』은 어린이 계몽교재이자 일반 교양교재로서 시대마다 사용되면서 수많은 판본이 양산되었다. 위문후(魏文侯) · 진원제(晉元帝) · 진효무제(晉孝武帝) · 양무제(梁武帝) · 당현종(唐玄宗) · 청세조(淸世祖) · 청성조(淸聖祖) · 청세종(淸世宗) 등의 군왕과 5백 여 명의 학자들이 『효경』에 대한 주석과 주해를 하였다. 『효경』을 일반인의 도덕교재로만 사용한 것이 아니라 통치이념으로 삼았기 때문이다. 『효경』이 도덕적 효도에 머물지 않고 정치적 효치로 이어졌다는 것이다. 애당초 유가 경전 『시』, 『서』, 『역』, 『예』, 『춘추』, 『악』에는 모두 경(經)자를 붙이지 않았다. 하지만 유독 『효경』에만 경자를 붙인 것도 얼마나 『효경』을 권위 있는 책으로 여겼는지 알려주는 한 단서이다.

1) 『금문효경』 18장 : 진시황 분서(焚書)의 근거였던 협서율(挾書律)이 한대(漢代) 혜제(惠帝) 4년(BC 191년) 폐지되자 하간(河間) 사람 안지(顔芝)가 숨겨두었던 것을 아들 안정(顔貞)이 전출(傳出)한 모두 18장으로 된 『효경』이다. 문체는 당시 통용되던 한대 예서체 문장이기 때문에 훗날 이를 『금문효경』이라 하였다. 대표적인 주해서는 후한 정현의 것이 있다. 일명 『정주(鄭注)』.

2) 『고문효경』 22장 : 한(漢) 경제(景帝)의 아들이 노(魯)땅을 분봉받고 그 궁실을 확장공사하기 위해 공자고택을 허물자, 거기서 옛날 죽간으로 된 『상서』, 『좌전』, 『논어』, 『효경』이 나왔는데, 이것들은 모두 공씨 집안에서 진시황의 분서를 피해 숨겨두었던 고서들이었다. 여기서 발견된 『효경』 22장을 공안국이 연구 정리하였는데, 이것은 기존에 발견된 『금문효경』과 여러모로 달랐다. 문체도 선진시대 주문(籀文),

일명 과두체(蝌蚪體)로 쓰였기 때문에, 훗날 『고문효경』이라 하였다. 대표적인 주해서는 전한의 공안국의 전(傳)이다. 일명 『공전(孔傳)』.

4. 『효경』의 전래

1) 전국시대 증자학파 편찬 → 진시황의 분서갱유(焚書坑儒: 민간에서는 의약서 · 점서이외의 책은 소지할 수 없다는 협서율이 적용되면서 상당수 책들이 사라짐) → 하간(河間) 사람 안지가 『효경』을 숨겼다가 협서율이 폐지되자 그것을 아들 안정(顔貞)이 학관(學官)과 헌왕(獻王)에 소개하였는데, 그것이 바로 『금문효경』이다.

2) 전한 무제의 동생 노 공왕이 궁궐을 넓히고자 공자의 구택을 부수었는데, 벽속에서 『상서』, 『논어』, 『예기』와 함께 『효경』이 나왔다. 그것을 『고문효경』이라 한다.

5. 『효경』의 민간전파

끊임없는 학자들 간의 금고문논쟁*은 719년 당대(唐代) 현종(玄宗, 7년) 때 유학자들로 하여금 공개적인 토론회를 거쳤는데, 아직도 이론이 분분하자 둘 다 모두를 사용하게 하였다. 그 후 722년 『어주효경』(금문을 위주로 하고 정현, 공안국 등의 주를 참조한 『효경』)을 편찬하고, 744년에는 『효경』을 집집마다 한권씩 소장하게 하였다. 또 745년에는 어주를 장안(長安)의 대학 앞 돌판에 새겨 공개하였는데, 이것이 『석대효경(石臺孝經)』이다. 이후 수많은 『효경』주해서들이 쏟아졌다.

* 금고문논쟁 : 양편에서 서로 위서(僞書)라 주장하며 논쟁이 일었고, 그 논쟁은 한대부터 청대에 이르기까지 오랜 기간 지속되었다. 금고문 『효경』은 각각 장을 달리하고 사용하는 글자도 때론 다르기 때문에 서로 진위여부를 다투었지만, 큰 틀에서의 내용은 다르지 않다.

개종명의장 開宗明誼章

'개종명의'의 '개(開)'는 시작한다는 뜻이고, '종(宗)'은 근본, 종지의 뜻이다. '명(明)'은 밝혀 드러낸다는 뜻이고, '의(誼)'는 '의(義)'와 통하여 의리를 말한다. 『금문효경』에는 '의(誼)'가 '의(義)로 되어 있다. 그러므로 이 장은 『효경』의 문을 여는 서론과도 같다. 효는 도덕의 근본이고 교육이 이로부터 나온다. 구체적으로 신체보존과 입신양명을 효라고 하였다. 부모에게서 받은 몸을 함부로 해서는 안 된다는 뜻에서 신체보존은 효도의 시작이라 하였다. 『논어』「위정」편에 맹무백(孟武伯)이 효에 대해 질문하였을 때, 공자가 "부모님께서는 오로지 (자식이) 병나는 것을 가장 걱정하신다."고 하였다. 자신이 아플 때보다 자식이 아플 때 더 괴로워하는 것이 부모의 마음이다. 그러니 건강하게 지내는 것은 자식의 당연한 도리이다. 건강하게 잘 자라는 것만으로도 효도한다고 하겠다. 옛날 우유를 선전하며 "개구쟁이라도 좋다. 건강하게만 자라다오."란 문구는 효도의 기본을 살린 광고였다. 자식건강은 곧 부모의 기쁨이지만 본인의 삶에도 대단히 중요한 문제다. 그러므로 효도는 부모에 대한 자식의 일방적 도리만은 아니다. 자식의 입신양명도 마찬가지다. 입신양명하여 부모의 이름을 널리 알려 기쁘게 해드리는 일일 뿐만 아니라 자신에게도 기쁨이 된다. 그러므로 효도로 인한 기쁨은 상호적인 것이라 할 수 있다. 부모 섬김(事親)에서 군주 섬김(事君)으로, 다시 입신(立身)으로 나아가는 효도의 순서를 짚어 보면 효도가 결코 구태의연한 것이 아님을 알 수 있다. 가정에서 부모에게 잘하고, 사회공동체에서 자신보다 윗사람을 공손히 대하고, 그리고 종국에 가서는 자신의 몸을 바로 세우는 이 단계는 인간이 태어나서 사회화되는 과정을 자연스레 보여주는 것이라 하겠다.

仲尼閒居，曾子侍坐.
Zhòng ní xián jū Zēng zǐ shì zuò

子曰.“參，先王有至德要道，
zǐ yuē Shēn xiān wáng yǒu zhì dé yào dào

以訓天下. 民用和睦，
yǐ xùn tiān xià mín yòng hé mù

上下亡怨. 女知之乎.”
shàng xià wú yuàn nǔ zhī zhī hū

공자가 한가로이 있을 때 증삼이 모시고 앉아 있었다.

공자가 말했다.

“삼아! 선왕들은 지극한 덕과 중요한 도를 갖고서 천하 백성을 가르쳤다. (그러자) 백성들은 화목하고 윗사람 아랫사람들은 원망이 없었다. 너는 그것을 아느냐?”

- 仲尼(중니) : 공자(BC 551~479)의 자(字). 자는 본명을 존중하기 위해 새로 만든 이름이다. 『예기』「곡례상」편에는 "남녀의 자를 지을 때에는 그 차례를 달리해서 서로 섞이지 않게 한다. 남자는 나이 20이 되면 관례(冠禮)를 행하고 자를 짓는다. (이 때부터 다른 사람들에게는 자를 부르지만) 아버지 앞에서는 '아들 아모(子某)'라 하고, 임금 앞에서는 '신모(臣某)'라고 해서 (자를 말하지 않고) 본 이름을 말한다. 여자는 (15세 이상이 되어) 결혼이 허락된 뒤에 계례(笄禮)를 하고 자를 짓는다."(男女異長. 男子二十, 冠而字. 父前, 子名. 君前, 臣名. 女子許嫁, 笄而字.) 여기서 공자를 중니로 표현한 것은 일종의 피휘(避諱)습속이다. 『예기』「곡례상」편에 "곡을 마친 후에야 (그 이름을) 휘(諱:죽은 부모나 임금의 이름을 소중히 하는 뜻에서 이름자를 피하고 입에 올리지 않는 것)한다."(卒哭乃諱)고 하였다.
- 閒居(한거) : 한가롭게 지내다. 『금문효경』에는 '한(閒)'이 없다.
- 曾子(증자) : 증삼(曾參, BC 505~436). 남무성(南武城)사람으로 자는 자여(子輿). 공자보다 46세 연하이다.
- 侍坐(시좌) : 모시고 앉다. 『금문효경』에는 '좌(坐)'가 없다.
- 子曰(자왈) : '자(子)'는 본래 옛날 남자의 미칭(美稱). 그런데 공자의 제자들이 공자를 존칭해서 '자' 혹은 '부자(夫子)'라 하면서 선생님을 뜻하는 명칭이 되었다. 송대 형병(邢昺)의 『효경주소(孝經注疏)』에는 "『정의(正義)』에서 '자(子)란 공자 스스로를 일컫는 말이다(孔子自謂)'고 했고, 『공양전』에는 '자란 남자의 통칭이다. (그런데) 옛날에는 스승을 자라 했기 때문에 부자(夫子)가 자(子)로써 스스로를 칭한 것이다.'"고 하였다. 여기서의 '자왈(子曰)'을 근거로 『효경』이 공자의 직접 저술이 아님을 확인하는 주장도 있다.

- 參(삼) : 증자의 이름. 『효경대의』의 기록에는 이 글이 증자 문인들이 편집한 것이기 때문에 공자는 자[仲尼]로 부르고, 증자는 이름[參]으로 부른 것이라 하였다. 이것이 사제(師弟)의 도리라는 것이다. 그런데 『금문효경』에는 '삼(參)'이 없다.
- 先王(선왕) : 중국 고대 사회의 하우(夏禹)·상탕(商湯)·주문왕(周文王)·주무왕(周武王)을 말한다.
- 至德要道(지덕요도) : 지극한 덕과 중요한 도. 『효경대의』에서는 "덕은 하늘에서 얻은 이치를 마음속에 갖추고 있는 것으로 인의예지신이라 했고, 도는 사물의 당연한 이치라 하며 큰 항목으로 말하면 부자(父子)·군신(君臣)·부부(夫婦)·곤제(昆弟)·붕우(朋友)의 사귐"(德者, 人心所得於天之理, 仁義禮智信是也. … 道者, 事物當然之理皆是, 而其大目則父子也君臣也夫婦也昆弟也朋友之交也.)이라 했다.
- 以訓天下(이훈천하) : 그로써 천하 백성을 가르치다. 『금문효경』에는 '훈(訓)'이 '순(順)'으로 되어 있다. '이순천하(以順天下)'로 하면 "그로써 천하 만민을 따르게 하였다."가 될 것이다.
- 民用和睦(민용화목) : 백성들은 이로써 화목하고 위아래가 원망이 없었다. '용(用)'은 '이(以)'의 뜻.
- 上下亡怨(상하무원) : 위아래가 원망함이 없다. 상하는 위아래 신분등급이다. 『좌전』「소공7년」에 "하늘에는 10일이 있고 사람에게는 열 개의 등급이 있다."(天有十日, 人有十等)고 하였다. 『금문효경』에는 '무(亡)'가 '무(無)'로 되어 있으나 의미는 같다.
- 女(여) : 너. 『금문효경』에는 '너'의 의미로 사용된 '여(女)'가 모두 '여(汝)'로 되어 있다.

曾子辟席曰，
Zēng zǐ bì xí yuē

“參，不敏．何足以知之乎．”
Shēn bù mǐn hé zú yǐ zhī zhī hū

증자가 자리에서 일어나 예를 표하며 말했다.
“저는 총명하지 못합니다. 어찌 그것을 알 수 있겠습니까?”

- 辟席(피석) : 공경의 표시로 자리에서 일어나는 것. 공자가 ‘지극한 덕’과 ‘중요한 도’라고 하자 증자가 이런 예를 표한 것이다. 이 같은 예절은 『예기』「곡례」상편에 나와 있다. “선생님과 함께 있을 때에 선생님이 질문을 하시면 말씀이 끝나면 대답하고, 가르침을 청할 때에는 자리에서 일어나서 청한다. 더 듣기를 청할 때에는 또다시 일어나서 청한다…… 존경하는 분과 함께 있을 때에는 떨어져 앉지 않는다…… 군자와 함께 있을 때에는 군자가 질문을 바꾸어 물으면 일어나서 대답한다.”(侍坐於先生, 先生問焉, 終則對, 請業則起, 請益則起.…… 侍坐於所尊敬, 毋餘席, … 侍坐於君子, 君子問更端, 則起而對.) 『금문효경』에는 ‘피(辟)’가 ‘피(避)’로 되어 있다. 이 때 ‘辟’자는 ‘벽’이 아니라 ‘피할 피’로 읽고, ‘避’와 의미가 같다.
- 不敏(불민) : 총명하지 않다. 둔하고 어리석다.
- 何足以知之乎(하족이지지호) : 어찌 그것을 알겠습니까? 『금문효경』에는 의문조사 ‘호(乎)’가 없다.

子曰，“夫孝，德之本也，
zǐ yuē fú xiào dé zhī běn yě

教之所繇生．復坐．吾語女．
jiào zhī suǒ yóu shēng fù zuò wú yù nǔ

身體髮膚，受之父母．
shēn tǐ fà fū shòu zhī fù mǔ

不敢毁傷，孝之始也．
bù gǎn huǐ shāng xiào zhī shǐ yě

立身行道，揚名於後世，
lì shēn xíng dào yáng míng yú hòu shì

以顯父母，孝之終也．夫孝，
yǐ xiǎn fù mǔ xiào zhī zhōng yě fú xiào

始於事親，中於事君，
shǐ yú shì qīn zhōng yú shì jūn

終於立身．”
zhōng yú lì shēn

大雅云，“亡念爾祖，聿脩其德.”
dà yǎ yún wú niàn ěr zǔ yù xiū qí dé

공자가 말했다.

“무릇 효라고 하는 것은 덕의 근본이고, 교화가 이로 말미암아 나오는 것이다. 자리로 돌아와 앉아라. 내가 너에게 말해 주겠노라. 우리 몸과 두 팔 다리는 물론 머리카락과 피부까지도 모두가 부모에게서 받은 것이다. 그러므로 함부로 훼손하거나 상하지 않게 하는 것이 효의 시작이다. 몸을 세워 도를 실천하여 후대에 이름을 날려 부모님을 현창하는 것이 효의 마무리이다. 무릇 효는 부모님을 섬기는 것이 시작이고, 군주를 섬기는 것이 다음이고, 몸을 세우는 것이 마무리이다."
(『시경』)「대아」편에서는 "너의 조상을 잊지 말고, 그 덕을 이어 받아 닦아야 한다."고 하였다.

- 德之本(덕지본) : 덕의 근본. 『효경정주소(孝經鄭注疏)』(이하 『정주』)에서는 "사람의 행동가운데 효보다 큰 것이 없다. 그래서 덕의 근본이라 한 것이다."(人之行, 莫大於孝. 故曰德之本也.)고 하였고, 형병(邢昺)의 해석(이하 『소(疏)』에서는 "효는 덕행의 근본이다. 선왕이 지덕요도(至德要道)를 해석하며, 지덕요도는 본래 효에서 나온다고 하였다."(夫孝, 德行之根本也. 釋先王有至德要道, 謂至德要道元出於孝.)고 하였다. 기타 유사한 내용을 담고 있는 예들을 나열하면 다음과 같다. 『춘추좌전』「문공2년」: "효는 예의 시작이다."(孝禮之始也.) 『논어』「학이」: "효제라고 하는 것은 인을 실천하는 근본이다."(孝弟也者, 爲仁之本也.) 『여씨춘추』「효행람」: "효는 삼황오제의 본무이고 만사의 실마리다."(夫孝, 三皇五帝之本務, 而萬事之紀也.) 『효경대의』: "효는 오상(五常)의 근본이고 백행의 근원이다."(蓋孝者, 五常之本, 百行之源也.)
- 敎之所繇生(교지소요생) : 교화(敎化)는 이로 말미암아 생겨난다. 『금문효경』에는 '요(繇)'가 '유(由)'로 '생(生)'은 '생야(生也)'로 되어 있다. 『정주』에서는 "백성을 친애로 교화하는 데에는 효보다 좋은 것이 없다. 그래서 교화가 여기서 나온다고 말한 것이다."(敎人親愛, 莫善於孝. 故言敎之所由生.)고 하였다. 효와 교화의 관계는 『예기』「제의」편에 나온다. "백성의 근본을 교화하는 것을 효라고 한다."(衆之本敎曰孝.) "그러므로 지극한 효가 있는 자는 왕자

(王者)에 가깝고 지극히 공경하는 자는 패자(覇者)에 가깝다. 지극한 효가 있는 자가 왕자에 가까운 것은 천자라도 반드시 부모가 있기 때문이다. 지극히 공경하는 자가 패자에 가까운 것은 제후라도 반드시 형이 있기 때문이다. 선왕의 교화는 (효와 공경함의 도리를) 인하여 지켜 변경하지 않는다. 그것은 (효와 공경함이) 천하 국가를 다스리는 근본이기 때문이다."(是故至孝近乎王, 至弟近乎霸. 至孝近乎王, 雖天子, 必有父; 至弟近乎霸, 雖諸侯, 必有兄. 先王之教, 因而弗改, 所以領天下國家也.) 『주례』「지관 · 대사도」에는 옛날 교화의 종류를 12가지로 말하고 있다. "백성의 일상에 따라서 12가지를 교육한다. 첫째, 사례(祀禮)로써 공경을 가르치면 백성이 분수에 넘는 행동을 하지 않는다. 둘째, 양례(陽禮)로써 서로 사양하도록 가르치면 백성이 다투지 않는다. 셋째, 음례(陰禮)로써 친함을 가르치면 백성이 원망하지 않는다. 넷째, 악례(樂禮)로써 화목을 가르치면 백성은 어그러지지 않는다. 다섯째, (군주가 권위 있게) 거동함으로써 상하의 등급을 분별하면 백성은 월권하지 않는다. 여섯째, 풍속으로써 편안함을 가르치면 백성은 구차해지지 않는다. 일곱째, 형벌로써 중용을 가르치면 백성은 사나워지지 않는다. 여덟째, 맹세로써 남을 구제하는 법을 가르치면 백성은 게을러지지 않는다. 아홉째, 절도 있는 생활로써 절약을 가르치면 백성은 만족을 알게 된다. 열째, 세상의 일로 능력을 가르치면 백성은 직업을 잃지 않는다. 열한째, 어진 모습으로 관직을 제재하면 백성은 덕을 삼간다. 열둘째, 공적으로써 봉록을 제약하면 백성은 공적을 일으킨다."(民之常而施十有二教焉. 一曰, 以祀禮教敬, 則民不苟. 二曰, 以陽禮教讓, 則民不爭. 三曰, 以陰禮教親, 則民不怨. 四曰, 以樂禮教和, 則民不乖. 五曰, 以儀辨等, 則民不越. 六曰, 以俗教安, 則民不偷. 七曰, 以刑教中, 則民不虣. 八曰以誓教恤, 則民不怠. 九曰以度教節, 則民知足. 十曰, 以世事教能, 則民不失職. 十有一

曰, 以賢制爵, 則民愼德. 十有二曰, 以庸制祿, 則民興功.)

- 復坐(복좌) : 돌아와 앉다. 본래 자리로 돌아가 앉음. 피석(避席)은 아랫사람의 공손함의 예절이며, 복좌(復坐)는 윗사람의 자애로움의 예절이다.
- 吾語女(오어여) : 내가 너에게 말해주겠다. 『금문효경』에는 '여(女)'가 '여(汝)'로 되어 있다.
- 身體髮膚(신체발부), 受之父母(수지부모), 不敢毁傷(불감훼상) : '신(身)'은 신체(身體), '체(體)'는 사지(四肢: 양팔과 양다리), '발(髮)'은 머리털, '부(膚)'는 피부. 『공전』에서는 "인간은 부모의 혈기성정(血氣性情)을 품부 받아 태어나 서로 통하는 분형이체(分形異體)이다. 그러므로 능히 스스로를 보전해서 상해가 없도록 하는 것이 효의 시작이라고 하는 것이다. 이로써 군자의 도는 자기 스스로를 잘 단속하여 위에 있으면서 교만하지 않고 아래 있으면서 혼란하지 않는다. 겸양으로 사람들을 대하여 다투지 않으니 원망과 후회를 멀리할 수 있고 흉한 재앙이 없다."(人生稟父母之血氣情性, 相通分形異體. 能自保全而無刑傷, 則其所以爲孝之始者也. 是以君子之道, 謙約自持, 居上不驕, 處下不亂, 推敵能讓在衆不爭, 故遠於咎悔, 而無凶禍之災焉也.)고 주석하였다. 『예기』「애공문」편에 이와 유사한 내용이 실려 있다. "군자는 공경하지 않음이 없습니다. (그 중에서도) 자신의 몸을 가장 공경합니다. 몸이라고 하는 것은 부모님의 가지이기 때문입니다. (그러니) 어찌 공경하지 않을 수 있겠습니까? 그 몸을 공경하지 않는 것은 그 부모를 상처 입히는 것입니다. 부모를 상처 입히는 것은 근본 뿌리를 상처 입히는 것입니다. 근본 뿌리가 상처 입으면 가지는 따라서 죽게 됩니다."(君子無不敬也. 敬身爲大. 身也者, 親之枝也, 敢不敬與. 不能敬其身, 是傷其親. 傷其親, 是傷其本. 傷其本, 枝從而亡.) 『예기』

「제의」편에는 '불감훼상(不敢毁傷)'의 구체적인 실례가 실려 있다. "악정자춘이 마루에서 내려오다 발을 다쳐 몇 개월 동안 외출하지 못하고 우울한 얼굴로 지냈다. 문하의 제자가 물었다. '선생님의 발은 이제 나았습니다. 그런데도 외출하시지 않고 우울한 얼굴로 계신 것은 왜입니까?' 악정자춘이 대답하였다. '좋은 질문이다. 정말 좋은 질문이다. 나는 이것을 증자에게 들었고, 증자는 공자에게 들었다. 하늘이 낳고 땅이 기른 것 중에서 사람보다 소중한 것은 없다. 부모가 완전한 모양으로 낳고, 자식이 완전한 모양으로 돌아가면 효라고 할 수 있다. 그 몸을 손상하는 일이 없고 그 몸을 욕되게 하는 일이 없다면, 그것이 몸을 온전히 하는 일이다. 그러므로 군자는 한 걸음을 걷는 동안에도 결코 부모를 잊지 않는 것이다. 그러나 지금 나는 효의 도를 잊고 몸을 상해 우울한 얼굴을 하고 있다. 한 발을 들어 올리는 동안에도 결코 부모를 잊어서는 안 되고, 한 마디 말을 하는 동안에도 결코 부모를 잊어서는 안 된다. 한 발을 드는 동안에도 부모를 잊지 않으므로 길을 가도 정도(正道)로 가고 사도(邪道)로 가지 않고, 물을 건너도 배를 타되 헤엄쳐 건너지 않는다. 자신의 몸은 부모님이 남겨주신 몸[遺體]이기 때문에 위험한 장소에 가지 않는 것이다. 한마디 말을 하는 동안에도 결코 부모를 잊지 않으므로 다른 사람을 험담하는 일도 없고 따라서 다른 사람의 분노의 말도 내 몸에 들어오지 않는다. 자신의 몸을 욕되게 하지 않고 부모를 욕되게 하지 않으면 효라고 할 수 있다."(樂正子春下堂而傷其足, 數月不出, 猶有憂色. 門弟子曰: 夫子之足瘳矣, 數月不出, 猶有憂色, 何也? 樂正子春曰: 善如爾之問也! 善如爾之問也! 吾聞諸曾子, 曾子聞諸夫子曰: 天之所生, 地之所養, 無人爲大. 父母全而生之, 子全而歸之, 可謂孝矣. 不虧其體, 不辱其身, 可謂全矣. 故君子頃步而弗敢忘孝也. 今予忘孝之道, 予是以有憂色也. 壹擧足而不敢忘父母, 壹出言而不敢忘父母. 壹擧足而不敢忘父母,

是故道而不徑, 舟而不游, 不敢以先父母之遺體行殆. 壹出言而不敢忘父母, 是故惡言不出於口, 忿言不反於身. 不辱其身, 不羞其親, 可謂孝矣.) 『예기』「곡례상」편에는 "효자는 어두운 곳에서 일에 종사하지 않으며, 위태로운 곳에 오르지 않는다. (어두운 곳에서 일하면 남의 의심을 받기 쉽고, 위태로운 곳에 오르면 몸을 다치기 쉬운데 이렇게 되면) 어버이를 욕되게 할 것을 두려워 하기 때문이다."(孝子不服闇, 不登危, 懼辱親也.) 또한 『논어』「옹야」편에서는 "길을 감에 좁은 길로 가지 않는다."(行不由徑.)고 하였고, 『맹자』「진심상」편에는 "위험한 담장 밑에는 서지 않는다."(不立乎巖牆之下.)고 하였는데, 모두 효의 도리를 말한 것들이다.

- 立身行道(입신행도) : 몸을 세워 덕(德)을 닦고 효도를 실천한다. 『주역』「설괘전」에 "옛날 성인이 역을 지어 성명(性命)의 이치를 따르게 하였다. 이로써 하늘의 도를 세워 음과 양이라 하였고, 땅의 도를 세워 유와 강이라 하였고, 사람의 도를 세워 인과 의라고 하였다."(昔者聖人之作易也, 將以順性命之理. 是以立天之道曰陰與陽, 立地之道曰柔與剛, 立人之道曰仁與義.)고 하였는데, 여기서 '입인지도(立人之道)'가 '입신(立身)'과 통한다.

- 揚名於後世(양명어후세) : 후세에 이름을 떨침. 『공전』에서는 "태어나서 나이 30세가 되면 부모를 섬기고 형제간 우애하며 친척 종친과 화목하고 노인을 공경하며 친구들과 신의를 지키는 것으로 시작하여, 40세가 되면 이른바 정치일선에 나아가 국가사무를 돌보되 두 군주를 섬기지 않는다. 나이 70이 되면 일선에서 물러난다."(是故自生至三十, 則以事父母, 接兄弟, 和親戚, 睦宗族, 敬長老, 信朋友爲始也, 四十以往, 所謂中也, 仕服官政, 行其典誥奉法, 無貳事君之道也. 七十老致仕.)고 주석하였다. 『논어』「위령공」편에서는 "군자는 종신토록 이름이 일컬어지지 못함을 싫어한다."(君子疾

沒世而名不稱焉.)고 하였다.

- 以顯父母(이현부모) : 부모의 이름을 빛냄. 『예기』「애공문」편에도 그 내용이 자세하다. "애공이 물었다. '부모의 이름을 빛낸다는 것은 어떤 것입니까?' 공자가 대답했다. '군자라고 하는 것은 이름을 완성한 사람입니다. 백성이 흠모하고 복종하면 그것을 일러 군자의 자식이라고 합니다. 이것은 그의 부모를 군자라 불리게 하는 일입니다. 이것을 부모의 이름을 빛낸다고 하는 것입니다.'"(公曰: 敢問何謂成親. 孔子對曰: 君子也者, 人之成名也. 百姓歸之名, 謂之君子之子. 是使其親爲君子也, 是爲成其親之名也已!)
- 亡念爾祖(무념이조), 聿脩其德(율수기덕) : 너의 조상에 대한 생각을 잊을 수 없을 것이니 그 덕을 터득하여야 한다. 『금문효경』에는 '무(亡)'가 '무(無)'로, '수(脩)'는 '수(修)'로, '기(其)'는 '궐(厥)'로 되어 있으나 의미는 같다. '이조(爾祖)'는 '너의 조상'. '율수(聿脩)'는 '조상의 덕을 이어받아 닦음'. '율(聿)'은 좇다. 따르다.

02 천자의 효

천자장 天子章

천자는 만승지국(萬乘之國)을 다스리는 자이다. '만승(萬乘)'은 만대의 수레를 말한다. 『예기』「곡례하」편에 "천하의 군왕을 천자라 한다."(君天下曰天子)라고 하였듯이, 천자는 최고통치자를 말한다. 『예기』「표기」편에 공자가 말했다. "오직 천자만이 하늘로부터 명을 받고, 선비는 군주에게 명을 받는다."(子曰, 唯天子受命于天, 士受命于君.) 『효경대의』에서는 "천자는 천하의 표상(表象)이니, 위에서 행하면 아래에서 본받고, 군주가 좋아하면 백성이 따른다. 천자가 그 부모님을 사랑하고 공경함이 이처럼 지극하다면, 아랫사람이 그 어버이를 사랑하고 공경하지 않을 수 없다."(天子者, 天下之表也, 上行之則下效之, 君好之則民從之. 天子所以愛敬其親者, 如此其至, 則下之人, 所以愛敬其親者, 亦莫敢不至.)고 하며 천자의 효행의 중요성을 말했다. 천자는 하늘의 명을 받아 천하를 다스리는 평천하(平天下)의 주역이다. 하늘의 명령을 받기 때문에 종교적으로는 천자만이 하늘에 제사할 수 있었고, 정치적으로는 천하국가의 최고통치자였다. 종교적으로 정치적으로 최고책임자인 천자가 부모를 사랑하고 공경한다면 모든 사람들이 그것을 본받게 된다는 뜻이다. 부모를 섬김에 효경(孝敬)하는 마음을 극진히 한다면 백성들에게 덕치가 베풀어져 천하 백성들이 그것을 본받게 된다는 것이다. 지도자 한사람 잘못 만나 온 백성이 굶주리는 나라가 있는가 하면 지도자 한사람의 솔선수범으로 온 나라가 잘되는 경우도 있다.

子曰,"愛親者,不敢惡於人,
zǐ yuē ài qīn zhě bù gǎn wù yú rén

敬親者,不敢慢於人.愛敬,
jìng qīn zhě bù gǎn màn yú rén ài jìng

盡於事親,然後德教加於百姓,
jìn yú shì qīn rán hòu dé jiào jiā yú bǎi xìng

刑於四海,蓋天子之孝也."
xíng yú sì hǎi gài tiān zǐ zhī xiào yě

呂刑云,"一人有慶,
lǚ xíng yún yì rén yǒu qìng

兆民賴之."
zhào mín lài zhī

공자가 말했다.

"부모님을 사랑하는 사람은 다른 사람을 미워하지 않고, 부모님을 공경하는 사람은 다른 사람을 업신여기지 않는다. 사랑하고 공경함을 부모님 섬기는데 극진히 한 뒤에 도덕적 교화가 백성들에게 전해져 천하에 본보기가 될 수 있다. 이것이 천자의 효이다."

『서경』「여형」에 "(천자) 한 사람이 좋은 행동을 하면 만민이 그에 힘입는다."고 하였다.

- 子曰(자왈) : 「개종명의장」을 이어서 공자가 증삼에게 계속 설명하는 부분이다.
- 愛親者(애친자) : '친(親)'은 부모님. 『어주』에서는 '애(愛)'를 박애(博愛)라 했다. 『예기』「애공문」편에서는 "옛날의 정치는 인간 사랑을 가장 크게 여겼다."(古之爲政, 愛人爲大)고 하였다.
- 不敢惡於人(불감오어인) : '오(惡)'는 미워하다, 싫어하다.
- 敬親者(경친자) : 『어주』에서는 '경(敬)'을 광경(廣敬)이라 했다. 『예기』「애공문」편에서는 "공경함을 버림은 부모를 버리는 것이다."(舍敬, 是遺親也.)라 하고, 또 "사랑과 공경이 정치의 기본이다."(愛與敬, 其政之本與!)고 하였다.
- 不敢慢於人(불감만어인) : '만(慢)'은 업신여기다, 모멸하다.
- 愛敬(애경) : 『예기』「애공문」편에서는 "사랑하고 공경하는 것은 정치의 근본이다."(愛與敬, 其政之本與!)고 하였고, 『맹자』「이루하」편에서는 "인자한 사람은 다른 사람을 사랑하고, 예의가 있는 사람은 다른 사람을 공경한다. 다른 사람을 사랑하는 사람은 사람들이 항상 그를 사랑하고, 다른 사람을 공경하는 사람은 사람들이 항상 그를 공경한다."(仁者愛人, 有禮者敬人. 愛人者人恆愛之, 敬人者人恆敬之.)고 하였다.
- 盡於事親(진어사친) : 부모 섬김을 극진히 하다. 『예기』「제의」편에서는 "선왕이 천하를 다스리는 데에는 다섯 가지 방법이 있다. 덕 있는 사람을 귀하게 여기고, 신분이 귀한 사람을 귀하게 여기고, 노

인을 귀하게 여기고, 어른을 공경하고, 어린이를 사랑하는 일이다. … 선왕의 가르침을 그대로 이어받아 고치지 않는 것은 그것으로 천하국가를 다스릴 수 있기 때문이다."(先王之所以治天下者五: 貴有德, 貴貴, 貴老, 敬長, 慈幼. … 先王之敎, 因而弗改, 所以領天下國家也.)고 하며 천자의 정치방법을 소개하고 있다.

- 然後(연후) : 『금문효경』에서는 '이(而)'로 되어 있다.
- 德敎加於百姓(덕교가어백성) : 도덕적 교화가 백성에게 전해진다. 『맹자』「이루상」편에도 '덕교(德敎)가 나온다. "맹자가 말했다. 정치를 하는 것은 어려운 것이 아니다. 대신(大臣)의 집안에 잘못하지 않으면 되는 것이다. 대신의 집안에서 흠모하면 한 나라가 흠모하고, 한 나라가 흠모하면 천하가 흠모한다. 그래서 성대한 도덕적 교화가 천하에 넘친다."(孟子曰, 爲政不難, 不得罪於巨室. 巨室之所慕, 一國慕之, 一國之所慕, 天下慕之. 故沛然德敎溢乎四海.) 『정주』에서는 "공경으로 안을 바르게 하고, 바름으로 밖을 바르게 한다. 그러므로 도덕적 교화가 백성들에게 전해진다."(敬以直內, 義以方外. 故德敎加於百姓也.)고 주석하였다. '백성'은 두 가지 뜻이 있다. ①성(姓)을 소유할 수 있었던 제후나 경대부등의 귀족. ②일반 서민. 여기서는 두 번째 의미이다.
- 刑於四海(형어사해) : '형(刑)'은 모범, '사해(四海)'는 천하(天下). 『공전』에서는 '형(刑)'을 '법(法)'이라 했고, 『정주』에서는 '현(見)'이라 했다. 『정주』의 주석으로 본다면 "도덕적 교화가 유행하여 사해에 드러난다."(德敎流行, 見四海也.)가 될 것이다. 판본 따라서 '형(刑)'이 '형(形)'으로 되어 있는 것도 있으나 의미는 통한다. 참고로 사이(四夷)는 동이(東夷)·서융(西戎)·남만(南蠻)·북적(北狄)이다.
- 呂刑(여형) : 『서경』의 편명. 『금문효경』에서는 '보형(甫刑)'으로

되어 있다.

- 一人有慶(일인유경) : 일인(一人)은 천자*. 『예기』 「옥조」편에 "스스로 자신을 부르는 경우, 천자는 여일인(予一人)이라 한다."(凡自稱, 天子曰 予一人.)고 하였다. 경(慶)은 선(善), 복(福).

- 兆民(조민) : 만민(萬民).

- 賴(뢰) : 힘입는다. 이(利). 이득. 『설문해자』에서는 "뢰는 이익이 남다."(賴, 贏也.)라 하였다. 영(贏)은 '이가 남다' '의식(衣食)에 여유가 있다'는 뜻으로 이런데서 '믿고 의지한다'는 뜻으로 전이된 듯.

* 천자(天子) : 『예기』 「혼의」: "옛날에 천자의 후(后)는 육궁을 세워 3명의 부인과 9명의 빈, 27명의 세부, 81명의 어처를 두었다. 이로써 천하의 내치(內治)를 듣고 부순(婦順)을 밝히었기 때문에 천하가 안으로 화목하고 집안이 다스려졌다. 천자는 육관을 세워 3공과 9경과 27대부와 81원사를 두고서 천하의 외치(外治)를 들었고 천하의 남교(男教)를 밝혔기 때문에 밖으로 화목하고 나라가 다스려졌다. 그러므로 말하기를 '천자는 남교를 듣고, 후(后)는 여순(女順)을 들으며, 천자는 양도(陽道)를 다스리고, 후는 음도(陰道)를 다스리며, 천자는 밖으로 다스리는 것을 듣고, 후는 안으로 직무를 듣는데, 순(順)함을 가르쳐서 풍속을 이루며 안팎으로 화순(和順)하여 나라가 다스려지는 것을 성덕(盛德)이라 이르는 것이다.'라고 하였다."(古者天子后立六宮三夫人九嬪二十七世婦八十一御妻, 以聽天下之內治, 以明章婦順; 故天下內和而家理. 天子立六官三公九卿二十七大夫八十一元士, 以聽天下之外治, 以明章天下之男教; 故外和而國治. 故曰: 天子聽男教, 后聽女順; 天子理陽道, 后治陰德; 天子聽外治, 后聽內職. 教順成俗, 外內和順, 國家理治, 此之謂盛德.)

『예기』 「곡례하」 : "천자의 비를 후(后)라 하고, 제후의 비를 부인(夫人)이라 하고, 대부의 아내를 유인(孺人)이라 하고, 사(士)의 아내를 부인(婦人)이라 하고, 서인의 아내를 처(妻)라 한다."(天子之妃曰后, 諸侯曰夫人, 大夫曰孺人, 士曰婦人, 庶人曰妻.)

『맹자』 「이루상」 : "천자가 불인(不仁)하면 사해를 보전하지 못하고, 제후가 불인하면 사직을 보전하지 못하고, 경대부가 불인하면 종묘를 보전하지 못하고, 사서인(士庶人)이 불인하면 사지를 보전하지 못한다."(天子不仁, 不保四海; 諸侯不仁, 不保社稷; 卿大夫不仁, 不保宗廟; 士庶人不仁, 不保四體.)

『예기』 「곡례하」 : "천자가 죽은 것을 붕(崩)이라 하고, 제후가 죽은 것을 훙(薨)이라 하고, 대부가 죽은 것을 졸(卒)이라 하고, 사(士)가 죽은 것을 불록(不祿)이라 하고, 서인이 죽은 것을 사(死)라고 한다."(天子死曰崩, 諸侯曰薨, 大夫曰卒, 士曰不祿, 庶人曰死)

03 제후의 효

제후장 諸侯章

제후는 천승지국(千乘之國)의 군주이다. 『예기』「왕제」 편에 "천자가 제정한 작록에는 공 · 후 · 백 · 자 · 남 등 모두 다섯 등급이 있다. 제후의 신하에는 상대부경 · 하대부 · 상사 · 중사 · 하사 등 다섯 등급이 있다. 천자의 영토는 사방 천리이고, 공 · 후의 영토는 사방 백리, 백은 칠십리, 자 · 남은 오십리이다. 오십리를 넘지 못하는 자는 천자에 속하지 않고(조회할 자격이 없고), 제후에 속해 부용이라 하였다."(王者之制祿爵, 公侯伯子男, 凡五等. 諸侯之上大夫卿, 下大夫, 上士中士下士, 凡五等. 天子之田方千里, 公侯田方百里, 伯七十里, 子男五十里. 不能五十里者, 不合於天子, 附於諸侯曰附庸.)라고 하며, 직위에 따른 등급을 소개하였다. 천자[萬乘之國] · 제후[千乘之國] · 경대부[百乘之國]등 땅을 가진 자를 모두 군주라고 하였다. 천자의 책무가 천하 백성을 위한 도덕적 솔선수범에 있는 것이라면, 제후의 책무는 정치적으로 천자의 지위를 넘지 않으면서 경제적으로 근검절약하여 모범을 보이는 것이다. 이것이 사직을 보전하고 민인(民人)을 화목하게 하는 길이다. 하지만 천자의 권위에 늘 전전긍긍하며 깊은 물을 만난 듯, 얇은 얼음판을 밟는 듯 해야함을 『시경』을 들어 설명하였다. 은나라 주왕 밑에서 제후로 있던 문왕(文王)이 바른 정치로 백성의 신망이 높아지자 주왕의 견제를 받은 것은 천자의 지위를 신경 쓰지 못했기 때문이다. 수직사회의 특성상 천자보다 제후가 인기를 누리는 것은 제후의 부귀를 단축시키는 결과이다.

子曰，“居上不驕，高而不危，
zǐ yuē jū shàng bù jiāo gāo ér bù wēi

制節謹度，滿而不溢.
zhì jié jǐn dù mǎn ér bú yì

高而不危，所以長守貴也，
gāo ér bù wēi suǒ yǐ cháng shǒu guì yě

滿而不溢，所以長守富也.
mǎn ér bú yì suǒ yǐ cháng shǒu fù yě

富貴不離其身，
fù guì bù lí qí shēn

然後能保其社稷，而和其
rán hòu néng bǎo qí shè jì ér hé qí

民人，蓋諸侯之孝也.”
mín rén gài zhū hóu zhī xiào yě

詩云，“戰戰兢兢，如臨深淵，
shī yún zhàn zhàn jīng jīng rú lín shēn yuān

如履薄冰.”
rú lǚ bó bīng

공자가 말했다.
"윗자리에 있으면서 교만하지 않으면 높은 지위에 있어도 위험하지 않고, 절제하며 한도를 삼가 지키면 가득 차도 넘치지 않는다. 높은 지위에 있어도 위험하지 않는 것은 존귀를 오랫동안 지키는 방법이고, 가득 차도 넘치지 않는 것은 부유함을 오랫동안 지키는 방법이다. 부귀가 몸에서 떠나지 않은 뒤에야 그 사직을 보존하며 인민을 화목하게 할 수 있다. 이것이 제후의 효이다."
『시경』에 "조심하며 삼감을 마치 깊은 물을 내려다보듯이 하고 얇은 얼음판 밟듯 한다."라고 하였다.

- 子曰(자왈) : 『금문효경』엔 이 두 글자가 없다. 역시 「천자장」에 이어서 공자가 계속 증삼에게 설명하는 내용이다.
- 居上不驕(거상불교) : '상(上)'은 윗자리, 높은 자리. 여기서는 제후의 자리. 『금문효경』에서는 '거(居)'가 '재(在)'로 되어 있다.
- 高而不危(고이불위) : '고(高)'는 높은 자리. 앞문장의 '거상(居上)'의 '상(上)'과 같다. 『어주』에서는 "제후는 열국의 군주이다. 존귀함이 사람들 위에 있으므로 높다고 한 것이다."(諸侯, 列國之君. 貴在人上, 可謂高矣.)고 하였다.
- 制節謹度(제절근도) : '제절'은 절제(節制)하다. 알맞게 조절하여 정도를 넘지 않는 것. '근도'는 한도를 분별하여 삼가 지키다.
- 滿而不溢(만이불일) : (국고가) 가득 차도 넘치지 않는다. 『정주』에서는 반대로 "넘치는 것을 사치와 교만"(奢泰爲溢)이라고 하였다.
- 所以長守貴也(소이장수귀야) : 『설문해자』에 "장은 구원(久遠)이다."(長, 久遠也.)고 하였다. 곧 시간과 공간의 장구(長久)함을 말

한다. 『설문해자』에 “귀는 물(物)이 천하지 않은 것이다.”(貴, 物不賤也.)고 하였다. 곧 지위가 높은 것을 말한다.

- 所以長守富也(소이장수부야) : 『설문해자』에 “부는 비이다.”(富, 備也.)라고 하였다. 곧 재물을 풍족하게 갖추고 있음을 말한다. 또한 주석에서는 ‘부(富)’와 ‘복(福)’은 음과 뜻이 같다고 하였다. 『예기』「제통」에 “현자가 제사를 지내면 반드시 복을 받는다. 그것은 이른바 세상적인 복이 아니다. 복이란 비(備)이며, 비란 만사가 도리에 맞는 것을 말한다. 도리에 따르지 않음이 없는 것을 비라 한다.”(賢者之祭也, 必受其福. 非世所謂福也. 福者, 備也. 備者, 百順之名也. 無所不順者, 謂之備.)라고 하였다.

- 富貴不離其身(불귀불리기신) : 부귀함이 몸에서 떠나지 않는다. 부귀함은 국가적 지위를 보전하는 것과도 맥을 같이한다. 그래서 『맹자』「이루상」에서는 “사람들이 항상 말하기를 천하·국·가라 한다. 천하의 근본은 나라에 있고, 나라의 근본은 집에 있고, 집의 근본은 몸에 있는 것이다.”(人有恆言, 皆曰 ‘天下國家’. 天下之本在國, 國之本在家, 家之本在身.)고 하며, 천하(天下)-나라[國]-집안[家]-개인[身]의 연속적 관계를 말하였다.

- 社稷(사직) : ‘사(社)’는 토신(土神)을 제사하는 곳이니 토신을 가리키며, ‘직(稷)’은 오곡(五穀)의 신을 제사하는 곳이니 곡신(穀神)을 말한다. 『예기』「왕제」에서는 “천자는 (하늘과 땅을 대신해서 만물을 주재하기 때문에) 천지의 신에게 제사를 드린다. 제후는 (천자를 위하여 토지를 지키고 백성을 기르기 때문에) 사직에 제사를 드린다. 대부는 (전적으로 집을 지키기 때문에) 오사(五祀)의 신에 제사를 드린다.”(天子祭天地. 諸侯祭社稷. 大夫祭五祀.)고 하였다.

- 和其民人(화기민인) : 인민을 화목하게 하다. 민인(民人)은 인민(人民). 『소』에서는 “황간이 말했다. 민(民)은 넓은 의미에서 지식

이 없는 무지몽매한 사람이고, 인(人)은 조금은 인의(仁義)를 아는 사람이다."(民是廣及無知, 人是稍識仁義.)고 하며 '민'과 '인'을 구별하고 있다. 막상 '민'을 '맹(萌)'이라 하고, '맹'은 무지하다, 어리석다는 '몽(懵)'의 뜻과 통하였다.

- 戰戰兢兢(전전긍긍) : '전전'은 두려워 떠는 모양. 조심하며 삼가는 것. 『설문해자』에 "전이라고 하는 것은 대문이다."(戰, 門也.)라 했고, 이를 설명하며 "두 병사가 병장기를 들고 상대하고 있는 것이다."고 했다. '긍긍'은 부들부들 떠는 모양. 두려워 조심하는 모양.
- 如臨深淵(여림심연) : '림(臨)'은 높은데서 낮은 곳을 내려다 보다는 뜻. 따라서 여기서는 "깊은 물을 내려다보는 것과 같이 한다."는 뜻.
- 如履薄冰(여리박빙) : 마치 얇은 얼음을 밟는 것처럼 한다.
- 戰戰兢兢, 如臨深淵, 如履薄冰 : 『시경』「소아·소민」에 "감히 맨손으로 호랑이를 잡지 못하고 감히 맨발로 물을 건너지 못하는데, 사람은 그 하나만 알고 다른 것은 모른다. (그러니) 두려워하고 삼가기를 깊은 물을 내려다보는 것 같이 하고, 얇은 얼음을 밟는 것처럼 하라."(不敢暴虎 不敢馮河. 人知其一, 莫知其他. 戰戰兢兢, 如臨深淵, 如履薄冰.)고 하였고, 『예기』「곡례상」편에는 "부모를 모시고 사는 자는 높은 곳에 오르지 않고 깊은 곳에 가지 않으며, 조금도 남을 비방하지 않고 조금도 남을 비웃지 않는다. 효자는 어두운 곳에서는 행동하지 않으며 위험한 곳에 오르지 않는다. 그것은 부모를 욕되게 하지 않을까 두려워하기 때문이다."(爲人子者, … 不登高, 不臨深. 不苟訾, 不苟笑. 孝子不服闇, 不登危, 懼辱親也.)라고 하였고, 『맹자』「진심상」편에는 "위험한 담장 밑에는 서지 않는다."(不立乎巖牆之下.)고 하였는데, 모두 같은 맥락에서 한 말들이다.

경대부장 卿大夫章

경대부는 제후 다음 가는 지위로서, 소위 백승지가(百乘之家)의 지도자이다. 보통 대부에는 상대부와 하대부가 있고, 특히 상대부를 경(卿)이라고 하였다. 경대부는 천자와 제후의 아래 신분이므로 그 신분에 맞는 규율과 법도가 더 엄격하여, 복장과 언행을 모두 규정하고 있다. 따라서 경대부는 정해진 복장을 입고 정해진 말과 행동을 하면 일단 신분과 지위를 보전할 수가 있고, 종묘를 보전할 수 있다. 바로 이런 방법과 행동으로 종묘를 보전하는 것이 대부의 효란 것이다. 또한 종묘를 보전하기 위해서는 아침 일찍 일어나고 밤늦게 잠들어 게으름이 없이 천자를 잘 보필하여야 한다고 하였다. 중간지도자가 지켜야할 덕목을 설명한 내용이다.

子曰，“非先王之法服，
zǐ yuē fēi xiān wáng zhī fǎ fú

不敢服，非先王之法言，
bù gǎn fú fēi xiān wáng zhī fǎ yán

不敢道，非先王之德行，
bù gǎn dào fēi xiān wáng zhī dé xíng

不敢行．是故，非法不言，
bù gǎn xíng shì gù fēi fǎ bù yán

非道不行，口亡擇言，
fēi dào bù xíng kǒu wú zé yán

身亡擇行．言滿天下，
shēn wú zé xíng yán mǎn tiān xià

亡口過，行滿天下，亡怨惡．
wú kǒu guò xíng mǎn tiān xià wú yuàn wù

三者備矣，然後能保其祿位，
sān zhě bèi yǐ rán hòu néng bǎo qí lù wèi

而守其宗廟，蓋卿大夫
ér shǒu qí zōng miào gài qīng dà fū

之孝也．”
zhī xiào yě

詩云，“夙夜匪解 以事一人．”
shī yún sù yè fěi xiè yǐ shì yì rén

공자가 말했다.

“선왕이 제정한 의복[法服]이 아니면 감히 입지 않고, 선왕이 제정한 바른 말[法言]이 아니면 감히 말하지 않고, 선왕이 제정한 덕행이 아니면 감히 행하지 않는다. 그러므로 예법이 아니면 말하지 않고 도덕이 아니면 행하지 않아서 입으로는 가릴 말이 없고 몸으로는 가릴 행동이 없다. (그렇기 때문에) 말이 천하에 가득 차더라도 입에 허물이 없고, 행동이 천하에 가득 차더라도 원망과 미움이 없다. 이 세 가지가 갖춰진 뒤라야 그 봉록과 지위를 보전할 수 있고, 종묘를 지킬 수 있다. 이것이 경대부의 효이다."
『시경』에 "아침 일찍부터 밤늦게까지 게으름피우지 않으며 (천자) 한 사람을 섬긴다."라고 하였다.

- 子曰(자왈) : 『금문효경』엔 없다.
- 法服(법복) : 선왕이 정한 예법에 맞는 의복. 의복은 신분을 나타낸다. 그러므로 천자 · 제후 · 경 · 대부 · 사는 신분에 따라 문수(紋繡)에 차이가 있었다. 『공전』에서는 "복식은 신분의 표현이다. 거기에는 각각 존비귀천의 등차가 있다."(服者身之表也. 尊卑貴賤, 各有等差.)고 하였다. 『정주』에 천자는 일월성신(日月星辰)의 무늬가 있는 옷을, 제후는 산(山) · 용(龍) · 화(華:草) · 충(蟲:雉)의 무늬가 있는 옷을, 대부는 조(藻:水藻) · 화(火:火燄)의 무늬가 있는 옷을, 사는 분(粉) · 미(米)의 무늬가 있는 옷을 입었다고 하였다. 이렇게 복장을 통해 신분의 고하를 구별하였는데, 만일 신분에 맞지 않는 법복을 입으면 참람(僭濫)한 것으로 벌을 받았다.
- 法言(법언) : 예법을 갖춘 말. 『공전』에서 효(孝) · 제(悌) · 충(忠) · 신(信) · 인(仁) · 의(誼) · 예(禮) · 전(典)을 말하였는데, 이 여덟 가지는 '바꿀 수 없는 것(不易之言)'이라 하고, 여기서 벗어난 말은 해서는 안 된다고 하였다. 『효경대의』에서는 법언이 아닌 것을 망령됨이라 하였다. 『논어』 「안연」 편에서는 "예가 아니면 보지 말고, 예가 아니면 말하지 말고, 예가 아니면 행하지 말라."(非禮勿視, 非禮

勿言, 非禮勿動)고 하였다.

- 不敢道(불감도) : '도(道)'는 '말하다'의 뜻. '도'가 '말하다'의 의미로 사용되는 경우는 대개 수신치국(修身治國)등 중요 사항을 말할 때이다. 정현은 『정주』에서 "시서에 맞지 않으면 말하지 않는다."(不合詩書, 不敢道)고 하였다.
- 不敢行(불감행) : 『정주』에는 "예악에 맞지 않으면 행하지 않는다."(不合禮樂, 則不敢行)고 하였다.
- 口亡擇言(무구택언)~ : 『금문효경』에서는 '무(亡)'가 모두 '무(無)'로 되어 있다.
- 擇言(택언), 擇行(택행) : 취사선택해야할 말과 취사선택해야할 행동. 『공전』에는 "마땅히 말해야 할 것을 말하고, 마땅히 행해야 할 것을 행한다. 그러므로 언행이 모두 선하여 버리고 택해야 할 것이 없다."고 하였다.
- 口過(구과) : 입의 허물. 말로 하는 잘못.
- 怨惡(원오) : 원망과 미움(증오).
- 三者(삼자) : 복식, 언어, 덕행.
- 保其祿位(보기녹위) : 녹위(祿位)는 봉록과 지위. 『금문효경』에는 이 네 글자가 없다.
- 而守其宗廟(이수기종묘) : 『금문효경』에는 '이(而)'자가 없다. 종묘는 왕실의 선조를 모시는 사당. 종(宗)의 면(宀)은 집[家]으로 신전을 뜻하고, 시(示)는 신전(神殿)을 가리킨다. 묘(廟)는 선조의 상(像)이나 위패(位牌)를 모셔놓은 곳. 『정주』에는 "종(宗)은 존(尊)" "묘(廟)는 모(貌)"라고 하였다. 『예기』 「왕제」편에는 "천자로부터 서인에 이르기까지 공통적인 것이 있다. 상사(喪事)는 죽은 자의 지

위에 따르고 제사는 살아 있는 자의 지위에 따른다. 천자는 칠묘(七廟)를 세운다. 삼소(三昭)·삼목(三穆)과 태조의 묘를 합쳐서 칠묘가 된다. 제후는 오묘(五廟)를 세운다. 이소(二昭)·이목(二穆)과 태조의 묘를 합쳐서 오묘이다. 대부는 삼묘(三廟)를 세운다. 일소(一昭)·일목(一穆)과 태조의 묘를 합쳐서 삼묘이다. 사(士)는 일묘(一廟)를 세워서 합사(合祀)한다. 서인은 침실에서 제사 지낸다."(天子七廟, 三昭三穆, 與太祖之廟而七. 諸侯五廟, 二昭二穆, 與太祖之廟而五. 大夫三廟, 一昭一穆, 與太祖之廟而三. 士一廟. 庶人祭於寢.)고 하였다.

- 夙夜匪解(숙야비해) : '숙야'는 이른 아침과 늦은 밤. 비(匪)는 비(非)와 같은 의미. 『소』에서는 '해(解)'는 게으르다는 '타(惰)'와 같고, '비(匪)'는 '불(不)'과 같다고 하였다. 『금문효경』에는 '해(解)'가 '해(懈)'로 되어 있다. 뜻은 게으르다, 나태하다. 『설문해자』에 "해는 나태함이다."(懈, 怠也.)라고 하였다. 『시경』「대아·증민」에 "이미 현명하고 또 명철하여 이로써 그 몸을 보전하고 이른 아침부터 밤늦게까지 게으르지 않아 그로써 천자를 섬긴다."(旣明且哲, 以保其身. 夙夜匪解, 以事一人.)고 하였다.
- 一人(일인) : 천자(天子).

05 선비의 효

사장 士章

『금문효경』에서는 「사인장(士人章)」이라 하였다. 사(士)는 상사(上士)·중사(中士)·하사(下士)가 있다. 하급관리의 명칭이다. 『주례』 「추관」에 향사(鄕士)·방사(方士)·조사(朝士)·도사(都士)·가사(家士)가 그것이다. 『백호통』 「작편」에 "사는 일이다. 일을 맡은 것을 칭한다."(士者事也. 任事之稱也.)고 하였다. 『설문해자』에도 "士, 事也."라고 하였다. 그러므로 사(士)는 일 처리할 수 있는 재능 있는 사람이나 지식인을 통칭한다. 보통 육예(六藝:禮樂射御書數) 능통자를 말한다. 한편 갑골문에서는 '사'가 '⊥'의 형태로 나와 남성의 생식기를 형상하였다. 『효경』에서 '사'는 경대부 아래 서인 위의 등급으로 나온다.

子曰，"資於事父以事母，
zǐ yuē zī yú shì fù yǐ shì mǔ

其愛同，資於事父以事君，
qī ài tóng zī yú shì fù yǐ shì jūn

其敬同．故母取其愛，
qī jìng tóng gù mǔ qǔ qí ài

而君取其敬，兼之者父也．
ér jūn qǔ qí jìng jiān zhī zhě fù yě

故以孝事君則忠，
gù yǐ xià shì jūn zé zhōng

以弟事長則順．忠順不失，
yǐ dì shì zhǎng zé shùn zhōng shùn bù shī

以事其上，然後能保其爵祿，
yǐ shì qí shàng rán hòu néng bǎo qí jué lù

而守其祭祀，蓋士之孝也．"
ér shǒu qí jì sì gài shì zhī xiào yě

詩云，"夙興夜寐，亡忝爾所生"
shī yún sù xīng yè mèi wú tiǎn ěr suǒ shēng

공자가 말했다.

"아버지를 섬기는 것에 바탕해서 어머니를 섬기는 것이니 그 사랑함은 같고, 아버지를 섬기는 것에 바탕해서 군주를 섬기는 것이니 그 공경함은 같다. 그러므로 어머니를 섬김에는 그 사랑을 취하고, 군주를 섬김에는 공경을 취하니, (사랑과 공경) 함께 겸하여 섬기는 대상은 아버지이다. 그래서 효로 군주를 섬기면 충(忠)이고, 공경으로 어른을 섬기면 공순(恭順)이다. 충과 공순을 잃지 않고 그 윗사람을 섬긴 뒤에야 작위와 봉록을 보존할 수 있으며 그 제사를 지낼 수 있다. 이것이 선비의 효이다."
『시경』에 "아침에 일찍 일어나 밤늦게 잠자리에 들어 너를 낳아 주신 부모를 욕됨이 없게 하라."고 하였다.

- 子曰(자왈) : 『금문효경』에는 없다.
- 資(자) : 바탕. 근거. 『공전』에는 '취(取)'라 하였고, 『정주』에는 '사람의 행위'(人之行)라고 하였다.
- 父母(부모) : 살아계실 때의 호칭. 돌아가시면 고비(考妣). 『예기』「곡례하」 편에 "살아계실 때에는 부모처(父母妻)라 하고 돌아가시면 고비빈(考妣嬪)이라 하였다."(生曰父曰母曰妻, 死曰考曰妣曰嬪.)라는 말이 있다.
- 其愛同(기애동) : 『금문효경』에는 '기(其)'가 '이(而)'로 되어 있다. 『정주』에는 "아버지와 어머니를 섬김에 사랑함은 같지만 공경함은 같지 않다."(事父與母, 愛同敬不同也.)고 하였다. 『예기』「제의」 편에는 "사랑함을 세우는데 부모님 (사랑하는 것)으로부터 하는 것은 백성들에게 화목을 가르치기 위함이다. 교육을 세우는데 어른(공경하는 것)으로부터 하는 것은 백성들에게 공순함을 가르치기 위함이다."(立愛自親始, 教民睦也. 立教自長始, 教民順也.)고 하였다. 『맹자』「양혜왕상」 편에서는 "내 노인을 노인으로 섬겨서 남의 노인에게까지 미치며, 내 어린이를 어린이로 사랑해서 남의 어린이에게까지 미친다면 천하를 손바닥에 놓고 움직일 수 있다."(老吾老, 以及人之老. 幼吾幼, 以及人之幼. 天下可運於掌.)라고 하며 효의 범주를 보편적 인류사랑으로 확대하였다.
- 其敬同(기경동) : 『금문효경』에는 '기(其)'가 '이(而)'로 되어 있다.

『정주』에는 "아버지와 군주를 섬김에 공경함은 같지만 사랑함은 같지 않다."(事父與君敬, 敬同愛不同也.)고 하였다. 『예기』「상복사제」편에 같은 내용이 있다. "아버지 섬기는 것에 바탕해서 군주를 섬기니 공경함을 같이한다. 존귀한 사람을 존귀하게 여기는 것은 의의 큰 것이다."(資於事父以事君, 而敬同. 貴貴尊尊, 義之大者也.)

- 以孝事君則忠(이효사군즉충) : 효로써 군주를 섬기는 것을 충이라고 한다. 『논어』「팔일」편에 "정공이 묻기를 '임금이 신하를 부리고, 신하가 임금을 섬김에 어찌해야 합니까?'라고 묻자, 공자가 대답했다. '임금은 신하부리기를 예로써 하고, 신하는 임금섬기기를 충성으로 해야 합니다.'"(定公問, 君使臣, 臣事君, 如之何? 孔子對曰, 君使臣以禮, 臣事君以忠.)고 하였다.
- 以弟事長則順(이제사장즉순) : 공경함으로 어른을 섬기는 것을 공순(恭順)이라고 한다. 『금문효경』에는 '제(弟)'가 '경(敬)'으로 되어 있다. 『논어』「위령공」편에 "임금을 섬기되 그 일을 공경하고 그 밥(녹봉)은 뒤로 하여야 한다."(事君, 敬其事而後其食.)고 하였고, 『맹자』「양혜왕상」편에서는 "효제충신을 닦되 집에 들어와서는 부형을 섬기고, 밖에 나가서는 어른을 섬긴다."(修其孝悌忠信, 入以事其父兄, 出以事其長上)고 하였다.
- 忠順(충순) : 『예기』「관의」편에는 "그러므로 효·제·충·순을 실행할 수 있어야 사람이라 할 수 있다."(故孝弟忠順之行立, 而后可以爲人.)고 하였고, 『순자』「군도」편에는 "윗사람을 모시는 데에는 충순하여 게으르지 않아야 한다."(其侍上也, 忠順而不懈.)고 하였다.
- 以事其上(이사기상) : 상(上)은 군주나 어른(長).

- 爵祿(작록) : 작위와 봉록. 『금문효경』에는 '녹위(祿位)'로 되어 있다.
- 而守其祭祀(이수기제사) : 『예기』「제통」편에 "제사란 어버이 생전에 못다한 봉양을 돌아가신 후 계속하는 효이다. 효란 양육하는 것이다. 도리에 순응해서 윤리를 거역하지 않는 것을 휵(畜)이라고 한다. 그러므로 효자가 부모님을 섬기는 데에는 세 가지 도리가 있다. 살아생전에는 봉양하고 돌아가시면 지극한 상례를 치르고 상례를 마치면 제사를 지낸다. 봉양할 때에는 그 공순함을 살피고, 상례를 치를 때에는 그 슬퍼함을 살피고, 제사지낼 때에는 그 공경함과 제때에 지내는 가를 살핀다. 이 세 가지 도리를 극진히 하는 것이 효자의 행동이다."(祭者, 所以追養繼孝也. 孝者畜也. 順於道不逆於倫, 是之謂畜. 是故, 孝子之事親也, 有三道焉: 生則養, 沒則喪, 喪畢則祭. 養則觀其順也, 喪則觀其哀也, 祭則觀其敬而時也. 盡此三道者, 孝子之行也.)라고 하였다. 『예기』「곡례하」편에서는 "천자는 하늘과 땅에 제사지내며 사방에 제사지내며 오사(五祀)에 제사지내되 해마다 고르게 한다. 제후는 사방에 제사지내며 산천에 제사지내며 오사에 제사지내되 해마다 고르게 한다. 대부는 오사에 제사지내되 해마다 고르게 한다. 사(士)는 그 선조에게 제사지낸다."(天子祭天地, 祭四方, 祭山川, 祭五祀, 歲徧. 諸侯方祀. 祭山川, 祭五祀, 歲徧. 大夫祭五祀, 歲徧. 士祭其先)고 하였다.
- 夙興夜寐(숙흥야매), 亡忝爾所生(무첨이소생) : '숙흥야매'는 아침 일찍 일어나고 밤늦게 잠자리에 드는 것. 부지런히 노력하여 효에 힘쓰는 태도이다. 『금문효경』에는 '무(亡)'가 '무(無)'로 되어 있다. 첨(忝)은 욕되게 하다. 더럽히다. 『설문해자』에 "첨은 욕됨이다."(忝, 辱也.)고 하였다. 『시경』「소아 · 소완」에 "저 할미새를 보건대 곧 날고 곧 운다. 나는 날마다 이렇게 갈테니 그대는 달마다 이렇게

가라. 아침 일찍 일어나고 밤늦게 잠자리에 들어 그대를 낳아 주신 부모를 욕되게 하지 마라."(題彼脊令, 載飛載鳴. 我日斯邁, 而月斯征. 夙興夜寐, 無忝爾所生.)고 하였다.

- 所生(소생) : 부모.

06 일반 사람들의 효

서인장 庶人章

서인은 중인(衆人), 곧 자유로운 신분의 평민으로 노비와 대비된다. 이들은 농공상업에 종사하며 관위(官位)가 없는 사람들이다. 『효경대의』에는 "학문을 하여 사(士)가 되었으나 아직 명(命)을 받지 못한 자와 농공상고가 모두 이에 해당한다."(學爲士而未受命, 與農工商賈之屬, 皆是也.)라고 하며, 서인의 범주를 말하였다. 『맹자』「만장하」편에서는 "서울에 있는 자를 시정지신이라 하고, 초야에 있는 자를 초망지신이라고 하는데 모두가 서인을 말한다. 서인은 폐백을 올려 신하가 되지 않으면 감히 제후를 만나보지 않는 것이 예이다."(在國曰市井之臣, 在野曰草莽之臣, 皆謂庶人. 庶人不傳質爲臣, 不敢見於諸侯, 禮也.)고 하여, 관직 없는 사람을 모두 서인이라고 하였다. 여기서는 바로 이 같은 서인들이 실천해야 할 효를 기록하였다.

子曰，“因天之時，就地之利，
zǐ yuē yīn tiān zhī shí jiù dì zhī lì

謹身節用，以養父母，
jǐn shēn jié yòng yǐ yǎng fù mǔ

此庶人之孝也.”
cǐ shù rén zhī xiào yě

공자가 말했다.
“하늘의 때에 따르고 땅의 이로움에 나아가 몸소 근신하고 쓰임을 절약하여 부모님을 봉양한다. 이것이 보통 사람들의 효이다.”

- 子曰(자왈) : 『금문효경』에는 없다.

- 因天之時(인천지시) : 인(因)은 의지하다. 따르다. 『금문효경』에는 ‘인(因)’이 ‘용(用)’, ‘시(時)’가 ‘도(道)’로 되어 있다. ‘천지시(天之時)’란 춘하추동(春夏秋冬) 사시(四時)로 『공전』에서는 “천시(天時)란 봄에 나고 여름에 자라고 가을에 거두고 겨울에 간직하는 것”(天時謂春生夏長秋收冬藏也.)이라 하였다. 『효경대의』에서는 “봄에 나고 여름에 자라고 가을에 거두고 겨울에 간직하니, 내가 봄에는 갈고 여름에는 김매고 가을에는 거두고 겨울에는 간직하여, 하늘의 도를 이용하는 것이 이와 같으면 시령(時令)을 따르는 것이다.”(春生夏長秋斂冬閉, 我則以春耕以夏耘以秋收冬藏, 用天之道如此, 則順時令矣.)라고 하였다. 『예기』 「예운」편에서는 “하늘은 사시(四時)를 만들고 땅은 재화를 만든다.”(天生時, 而地生財.)라고 하였다.

- 就地之利(취지지리) : '취(就)'는 이루다. 나아가다. 『금문효경』엔 '취(就)'가 '분(分)'으로 되어 있다. '지지리(地之利)'는 땅의 이로움. 『공전』에서는 "지리(地利)란 물과 뭍이 각각 그 마땅함이 있는 것"(地利謂原隰水陸各有所宜也.)이라고 하였다. 『효경대의』에서는 "땅의 이로움은 높고 낮은 곳과 건조하고 비습(卑濕)한 곳에 각각 알맞게 심어야할 작물이 있으니, 내가 벼와 기장을 심기도 하고 메벼와 벼를 심기도 하고 콩과 보리, 뽕나무와 대마를 심기도 하여 땅의 이로움을 따르는 것이 이와 같으면, 땅의 마땅함[土宜]를 구별하는 것이다."(地之利, 高下燥濕, 各有宜植. 我則或禾黍 或秔稻或菽麥桑麻, 因地之利如此, 則別土宜.)라고 하였다. 『맹자』「양혜왕상」편에서는 "농사철을 어기지 않게 하면 곡식을 이루다 먹을 수 없으며, 촘촘한 그물을 웅덩이와 연못에 넣지 않으면 고기와 자라를 이루다 먹을 수 없으며, 도끼를 때에 따라 산림에 들어가게 하면 재목을 이루다 쓸 수 없을 것이다. 곡식과 고기와 자라를 이루다 먹을 수 없으며, 재목을 이루다 쓸 수 없으면, 이는 백성으로 하여금 산 사람을 봉양하고 죽은 자를 장사함에 유감이 없게 하는 것이니, 산 사람을 봉양하고 죽은 자를 장사함에 유감없게 하는 것이 왕도정치의 시작이다."(不違農時, 穀不可勝食也; 數罟不入洿池, 魚鼈不可勝食也; 斧斤以時入山林, 材木不可勝用也. 穀與魚鼈不可勝食, 材木不可勝用, 是使民養生喪死無憾也. 養生喪死無憾, 王道之始也.)고 하였다.
- 謹身節用(근신절용) : 몸소 근신하고 쓰임을 절약하다. 『논어』「학이」편에 "공손함이 예에 가까우면 치욕을 멀리 할 수 있다."(恭近於禮, 遠恥辱也)고 하였고, 『맹자』「이루상」편에서는 "섬기는 일중에 무엇이 가장 큰가? 어버이를 섬김이 가장 크다. 지키는 일중에 무엇이 가장 큰가? 몸(몸의 지조)을 지킴이 가장 크다. 몸의 지조를 잃지

않고서 그 어버이를 잘 섬긴 자는 내가 들었고, 몸을 잃고서 그 어버이를 잘 섬긴 자는 들어보지 못하였다. (섬기는 일중에) 무엇인들 섬김이 되지 않겠는가마는 어버이를 섬김이 섬김의 근본이요, (지키는 일중에) 무엇인들 지킴이 되지 않겠는가마는 몸을 지킴이 근본이다."(事孰爲大? 事親爲大; 守孰爲大? 守身爲大. 不失其身而能事其親者, 吾聞之矣; 失其身而能事其親者, 吾未之聞也. 孰不爲事? 事親, 事之本也; 孰不爲守? 守身, 守之本也.)고 하며 '근신'을 말하고 있다.

- 以養父母(이양부모) : 천자의 책무는 천하를 지키는데 있고, 제후의 책무는 사직을 보전하는데 있고, 경대부의 책무는 종묘를 지키는데 있고, 사인의 책무는 제사를 지내는데 있고, 서인은 부모 봉양의 책무가 있다고 하였으니, 신분 따라 그 기능과 역할이 다름을 알 수 있다. 『효경대의』에서는 "군주에게서는 사직을 말하고, 경대부에게서는 종묘를 말하고, 사인에게서는 제사를 말한 것은 그 섬기는 바를 중하게 여긴 것이다. 서인은 제수(祭需)를 올리지만 제사를 지내지 않았으니, 또한 사인하고 비교할만한 부류가 아니다."(君言社稷, 卿大夫言宗廟, 士言祭祀, 各以其所事爲重也. 庶人薦而不祭, 又非士之比矣.)고 하였다. 장례에 있어서도 서인은 "분봉하지 않는다."(不封)고 『예기』「왕제」편에 말하였다. 다만 같은 책에서 "3년상에 관한한 천자로부터 (서인에 이르기까지) 공통된 것이다."(三年之喪, 自天子達)라고 하였다.

- 此庶人之孝(차서인지효) : 「천자장」으로부터 「사장」까지의 문장 말미에는 언제나 "蓋天子之孝也." "蓋諸侯之孝也." "蓋卿大夫之孝也." "蓋士之孝也."라고 하며, '대개' 또는 '아마도'란 뜻의 '개(蓋)'자를 쓰면서 「서인장」에서는 구체적 지시어인 '차(此)'를 사용하였고, 또한 「사장」이상에서는 『시경』을 인용하였고, 「서인장」에

서만 『시경』 인용을 하지 않았다. 이것은 아마도 사인(士人)이상을 대우하고 서인을 차별하는 듯한 인상을 주기에 충분하다. 『효경대의』에도 "서인은 왕명을 받아 선비가 되지 못하였으므로 군주를 섬길 수 없으니, 섬기는 바는 오직 부모님뿐이다. 그러므로 부모님 봉양하는 것을 효로 삼는다."(庶人未受命爲士, 旣不得以事君, 所事者, 惟父母而已. 故以養父母爲孝.)라고 하여 서인의 지위를 말하고 있다.

07 효에 대한 평가

효평장 孝平章

『금문효경』엔 이 장이 앞장 「서인장」에 붙어있다. 효평(孝平)의 '평'은 두 가지 의미가 있다. 첫째, '평(平)'은 '균(均)'의 의미로 '같다', '동등하다'는 뜻이다. 앞에서 천자 · 제후 · 경대부 · 사 · 서인의 효를 말했다. 그러나 이들이 신분의 차이는 있어도 부모 섬김의 효는 모두 같다는 것이다. 둘째, '평'은 '평(評)'과 통한다. 그러므로 '효평'은 효평(孝評)으로 효도에 대한 비평, 또는 평가란 의미를 지닌다. 막상 천자로부터 서인에 이르기까지의 효에 대한 논의를 마치고 총평하는 내용을 『고문효경』에서는 이렇게 나눈 듯하다.

子曰，“故自天子以下，
zǐ yuē gù zì tiān zǐ yǐ xià

至於庶人，孝亡終始．
zhì yú shù rén xiào wú zhōng shǐ

而患不及者，未之有也．”
ér huàn bù jí zhě wèi zhī yǒu yě

공자가 말했다.
“그러므로 천자로부터 아래로 서인에 이르기까지 효에는 시작과 끝을 다함이 없다. 그래서 (신분귀천을 막론하고 누구나 그에 대한) 걱정이 미치지 않은 자가 있지 않다.”

- 子曰(자왈) : 『금문효경』에는 없다.
- 故(고) : 『금문효경』이 옳고 『고문효경』이 위작이라고 하는 학자들은 '고(故)'자 앞에 '자왈(子曰)'을 붙인 것은 『금문효경』이 「서인장」을 나누기 위해 붙였다고 주장한다. 다시 말해 '고(故)'는 「서인장」의 바로 앞의 문장을 이은 접속사인데 하나의 독립된 문장처럼 꾸몄다는 주장이다. 반면 『고문효경』이 옳고 『금문효경』이 위작이라 주장하는 사람들은 '고(故)'이하 문장이 「서인장」을 받는 게 아니라 「천자장」부터 「서인장」등 앞의 내용 전체를 받는다고 주장하며, 앞에서 말한 천자·제후·경대부·사·서인, 즉 오효(五孝)에 대한 종합적인 평가를 여기서 한다는 것이다. 그렇기 때문에 이 문장은 「서인장」과 구별 독립해서 보는 것이 옳다고 주장한다.
- 以下(이하) : 『금문효경』에는 없다.

- 孝亡終始(효무종시) : 『금문효경』에는 '무(亡)'가 '무(無)'로 되어 있다. '종시'의 '종(終)'은 앞에서의 '종어입신(終於立身)'을 말하고, '시(始)'는 '시어사친(始於事親)'을 말한다.

- 孝亡終始, 而患不及者, 未之有也. : 이 문장은 여러 해석이 가능하다. ①효란 처음도 끝도 없지만 거기에 미치지 못하는 것을 근심하는 사람은 아무도 없다. ②효도의 종시는 (존비귀천을 떠나) 당연한 도리여서 각자 힘써 행한다면 될 것이므로 애당초 미치지 못할 염려가 없다.(조선 영조(英祖) 때 병계(屛溪) 윤봉구(尹鳳九), 『병계집(屛溪集)』「효경강설」) ③효도의 시작[事親]과 효도의 마무리[立身]를 완수하지 못하고도 환난이 미치지 않은 자가 아직 없다.(송대 주희의 『효경간오』에 의거한 원대 동정(董鼎)의 『효경대의』) 그런데 역자는 문장을 나누어 "효에는 시작과 끝을 다함이 없다. 그래서 (신분귀천을 막론하고 누구나 그에 대한) 걱정이 미치지 않은 자, 곧 걱정을 하지 않는 자가 있지 않다."로 보았다.

08 하늘 · 땅 · 사람

삼재장 三才章

하늘과 땅을 가리켜 양의(兩儀) 혹은 이의(二儀)라고 한다면, 삼재란 천(天) · 지(地) · 인(人)을 말한다. 『주역』 「설괘전」에서 "옛날 성인이 『주역』을 지은 것은 장차 성명의 이치에 순응하게 함이었다. 그러므로 하늘의 도를 세워 음과 양이라 하였고, 땅의 도를 세워 유와 강이라 하였고, 사람의 도를 세워 인과 의라고 하였다."(昔者聖人之作易也, 將以順性命之理. 是以立天之道曰陰與陽, 立地之道曰柔與剛, 立人之道曰仁與義.)고 하며 삼재의 내용을 구체화하였다. 이 장에서는 공자가 증자에게 효가 하늘의 법칙에 부합하고, 땅의 변화법칙에 부합하고, 인간의 삶의 도리에 부합한다고 하면서 효의 다섯 가지 구체적인 내용을 설명하였다. 『춘추좌씨전』 「소공25년」에 "대저 예란 하늘의 법칙이며 땅의 질서이며 백성들이 실천할 내용이다. 하늘과 땅의 법칙을 백성들이 진실로 본받아야 한다. 하늘의 밝음을 본받고 땅의 성질을 인하여 그 여섯 가지 기운[陰陽風雨晦明]을 발생하며 그 오행[金木水火土]을 작용한다."(夫禮, 天之經也, 地之義也, 民之行也. 天地之經, 而民實則之. 則天之明, 因地之性, 生其六

氣, 用其五行.)라고 하였는데, 여기 「삼재장」에서는 '예(禮)'를 다만 '효(孝)'로 바꿔 놓았을 뿐이다. 이를 두고 『효경대의』에서는 "문장의 형세가 도리어 『좌전』의 관통(貫通)된 것만 못하고, 조목(條目)이 도리어 『좌전』의 완비된 것만 못하니, 여기(『효경』)에서 『좌전』의 글을 따다 쓴 것이 분명하고, 『좌전』에서 이 글을 따다 쓴 것이 아니라는 것은 의심할 것이 없다."(而文勢 反不若彼之通貫, 條目 反不若彼之完備, 明此襲彼, 非彼取此無疑也.)라고 하며, 표절을 의심하였다. 참고로 『효경』과 『좌전』의 저술 년대가 비슷하므로 당시 유행했던 사료를 함께 따온 것이라는 주장(汪受寬 譯註, 上海古籍出版社)도 있다.

曾子曰,"甚哉, 孝之大也."
Zēng zǐ yuē shèn zāi xiào zhī dà yě

子曰,"夫孝, 天之經也,
zǐ yuē fú xiào tiān zhī jīng yě

地之誼也, 民之行也.
dì zhī yì yě mín zhī xíng yě

天地之經, 而民是則之.
tiān dì zhī jīng ér mín shì zé zhī

則天之明, 因地之利,
zé tiān zhī míng yīn dì zhī lì

以訓天下. 是以其教不肅而成,
yǐ xùn tiān xià shì yǐ qí jiào bú sù ér chéng

其政不嚴而治."
qí zhèng bù yán ér zhì

증자가 말했다.

"위대하도다! 효는 참으로 위대하도다."

공자가 대답했다.

"대저 효란 하늘의 법칙[經]이고 땅의 질서[誼]이며 백성들이 실천[行]할 것이다. 하늘과 땅의 법칙을 백성들이 본받으니, 하늘의 밝음을 본받고 땅의 이로움을 따라서, 이로써 천하 백성을 바르게 가르친다. 그렇기 때문에 가르침이 엄숙하지 않아도 이루어지고, 그 정치가 엄하지 않아도 다스려 진다."

- 天之經(천지경) : 하늘의 법칙. '경(經)'은 법칙, 도리, 영구불변의 이치. 위(緯:씨실)와 대비되는 날실. 『공전』에서는 '경(經)'을 '상(常)'이라 하고, "하늘에는 상절이 있다."(天有常節)고 했다. 『정주』에서는 "춘하추동 사물에 생사가 있는 것이 하늘의 법칙이다."(春夏秋冬物有死生, 天之經也)고 하였다. 『대대예기』「증자대효」편에는 "효란 천하의 대경이다."(夫孝, 天下之大經也.)는 말이 있다.
- 地之誼(지지의) : 땅의 마땅한 질서. 『금문효경』에는 '의(誼)'를 '의(義)'라 하였는데, 내용상 통한다. 질서, 옳다, 이치에 맞다, 마땅하다, 적당하다. 『공전』에서는 '의(誼)'를 '의(宜)'라 하고, "땅에는 상의가 있다."(地有常宜)고 했다. 『정주』에서는 "산천의 높고 낮음 물의 흐름이 땅의 질서"(山川高下水泉流通地之義也.)라고 하였다.
- 民之行(민지행) : 『설문해자』 "民, 衆萌也." 단옥재(段玉裁) 주에 "옛날에는 민(民)을 맹(萌)이라 했다." '萌'은 '氓'(맹: 다른 나라나 지방에서 이주한 백성) '甿'(맹: 무지한 백성)과 통한다. 곧 예의(禮義)에 무지한 백성. '행(行)'은 '효행(孝行)'. 『공전』에서는 "사람에게는 상행이 있다."(人有常行)고 했다. 이상에서 말한 천 · 지 · 인

의 상절 · 상의 · 상행의 삼상(三常)은 불변이라는 것이다. 한편 『정주』에서는 "효제공경이 사람들이 해야 할 것"(孝悌恭敬, 民之行也)이라고 하였다.

- 天地之經(천지지경) : 천지경(天之經) + 지지의(地之誼).
- 則(칙) : 본받다. 『정주』에서는 "하늘에는 사시가 있고, 땅에는 높고 낮음이 있다. 사람들은 그 사이에 거처하면서 마땅히 그것을 본받는다."(天有四時, 地有高下, 民居其間, 當是而則之)고 하였다.
- 以訓天下(이훈천하) : 이로써 천하 백성을 가르친다. 『금문효경』에는 '훈(訓)'이 '순(順)'으로 되어 있다. 『중용』에 "무릇 천하국가를 다스리는 데에는 아홉 가지 법칙이 있다. 이름하여 몸을 닦음과 현인을 존중함과 친척을 가까이함과 대신을 공경함과 여러 신하들을 체찰(體察)함과 서민들을 자식처럼 사랑함과 수많은 기술자를 오게 함과 먼 지방 사람들을 회유함과 제후들을 품는 것이다. 몸을 닦으면 도가 확립되고 현인을 존중하면 의혹되지 않고 친척을 가까이하면 아버지 형제들과 형제들이 원망하지 않고 대신을 공경하면 혼란하지 않고 여러 신하들을 체찰하면 선비들의 보답하는 예가 중하고 서민들을 자식처럼 사랑하면 백성들이 근면하고 수많은 기술자를 오게 하면 재용이 넉넉하고 먼 지방 사람들을 회유하면 사방이 돌아오고 제후를 품으면 천하가 두려워한다."(凡爲天下國家有九經, 曰: 脩身也, 尊賢也, 親親也, 敬大臣也, 體群臣也, 子庶民也, 來百工也, 柔遠人也, 懷諸侯也. 脩身則道立, 尊賢則不惑, 親親則諸父昆弟不怨, 敬大臣則不眩, 體郡臣則士之報禮重, 子庶民則百姓勸, 來百工則財用足, 柔遠人則四方歸之, 懷諸侯則天下畏之.)고 하였다.

"先王見教之可以化民也.
xiān wáng jiàn jiào zhī kě yǐ huà mín yě

是故先之以博愛,
shì gù xiān zhī yǐ bó ài

而民莫遺其親. 陳之以德誼,
ér mín mò yí qí qīn chén zhī yǐ dé yì

而民興行. 先之以敬讓,
ér mín xīng xíng xiān zhī yǐ jìng ràng

而民不爭. 道之以禮樂,
ér mín bù zhēng dào zhī yǐ lǐ yuè

而民和睦. 示之以好惡,
ér mín hé mù shì zhī yǐ hǎo wù

而民知禁."
ér mín zhī jìn

詩云, "赫赫師尹, 民具爾瞻."
shī yún hè hè Shī yǐn mín jù ěr zhān

"선왕은 그것을 가르침으로 백성을 교화시킬 수 있음을 알았다. 그래서 먼저 박애를 실천함으로써 백성들이 부모님을 버리지 않게 되고, 덕(德)과 의(誼)로써 베풀어 백성들이 일어나 (그것을) 실천하였다. 선왕이 앞에서 공경하고 겸양하자 백성들이 다투지 않고, 예악으로 이끌자 백성들이 화목하고, 호오(好惡)로써 보여주자 백성들이 하지 않아야할 것을 알게 되었다."
『시경』에 "찬란하다 태사 윤씨여! 모든 백성들이 우러러보는구나!"라고 하였다.

- 見敎之可以化民也(견교지가이화민야) : '견(見)'은 '알다'. 그것을 가르쳐 백성을 교화할 수 있음을 안다. 그런데 송대 사마광(司馬光)이 쓴 『효경지해(孝經指解)』와 주자의 『효경대의』에서는 이 문장을 "(선왕의) 가르침[敎]이 백성을 감화시킬 수 있는 것을 보았다."로 해석하면 앞문장의 내용과 연결이 어색하다고 지적하면서, '교(敎)'를 '효(孝)'로 바꿔야 앞뒤가 통한다고 하였다. 그렇다면 "효도가 백성을 감화시킬 수 있는 것을 보았다."(見孝之可以化民也.)가 될 것이다. 『효경대의』에서는 이렇게 바꿔 해석하고는 앞뒤가 맞지 않는 것은 "아마도 다른 책의 성문(成文)을 찢어다가 억지로 꾸미고 엮어서 공자와 증자의 문답으로 만든 것인 듯하나, 다만 그 출처를 알 수 없을 뿐이다."(疑亦裂取他書之成文, 而强加裝綴, 以爲孔子曾子之問答, 但未見其所出耳.)고 하며, 내용적으로도 "성인(聖人)이 효가 백성을 교화시킬 수 있다는 것을 본 뒤에 몸으로 솔선하였다고 한 것은 이치에도 어그러진다."(而謂聖人見孝可以化民而後, 以身先之, 於理, 又已悖矣.)고 하고는 '先王見敎'이하 '民具爾瞻'까지 총 69자를 삭제하였다. 그래서 여기서는 '견교지(見敎之)'의 '지(之)'를 '효(孝)'를 가리키는 대명사로 보면서 '교(敎)'와 '효(孝)'의 의미를 모두 살려보았다.
- 博愛(박애) : 『공전』에서는 '범애중(汎愛衆)'으로 풀었다.
- 遺(유) : 망실(亡失). 버리다, 잊다, 소홀히 하다.
- 陳之以德誼(진지이덕의) : '진(陳)'은 진술하다, 펼치다. 『금문효경』에는 '의(誼)'가 '의(義)'로 되어 있다. 『춘추좌씨전』 「희공27년」에 "시서는 의의 창고요, 예악은 덕의 준칙이요, 덕의는 이의 근본이다."(詩書 義之府也, 禮樂 德之則也, 德義 利之本也.)는 구절이 있다.
- 敬讓(경양) : 공경과 겸양. 『예기』 「표기」 편에 "공손은 예에 가깝고

근검은 인에 가깝고 신뢰는 진정에 가깝다. 공경과 겸양으로써 이를 실행하면 비록 과오가 있어도 심하지 않을 것이다."(恭近禮, 儉近仁, 信近情. 敬讓以行此, 雖有過, 其不甚矣.)고 하였고, 「제의」 편에서는 "예를 먼저하고 재물을 뒤로 하면 백성들이 공경하며 겸양하여 서로 다투지 않는다."(先禮而後財, 則民作敬讓而不爭矣.)고 하였다.

- 道之以禮樂(도지이예악) : 『금문효경』에는 '도(道)'가 '도(導)'로 되어 있다. 이끌다, 인도하다. 『예기』 「제의」 편에 "예와 악은 잠시라도 몸에서 떠나서는 안 되는 것이니, 음악을 깊이 익혀서 그것으로 마음을 다스리면 곧고 양순한 마음이 저절로 솟아나온다. 곧고 양순한 마음이 생기면 즐겁고, 즐거우면 마음이 편안해지고, 마음이 편안하면 오래 지속되고, 편안한 마음이 오래 지속되면 마음이 하늘에 미치고, 마음이 하늘에 미치면 신에게 통하는 것이다. 마음이 하늘에 미치면 말하지 않아도 남에게 신임을 받고, 마음이 신에게 통하면 노하지 않아도 위엄이 있게 되는데, 이런 사람은 음악을 깊이 익혀서 그것으로 마음을 다스린 자이다. 예의를 깊이 익혀서 그것으로 몸을 다스리면 행동이 의젓해지고, 행동이 의젓하면 남들로 하여금 위엄을 느끼게 한다. 마음속이 잠시라도 화합하지 못하거나 즐겁지 못하면 천하고 거짓된 마음이 들어가게 되며, 겉모습이 잠시라도 장중하지 못하거나 공경스럽지 못하면 마음속에 태만한 마음이 들어가게 된다. 그러므로 음악은 사람의 내심을 움직이는 것이요, 예의는 사람의 외형을 움직이는 것이다. 음악은 조화가 필요하고, 예의는 온순함이 필요한 것이다. …… 그러므로 말하기를 예와 악의 도를 깊이 익혀서 정치에 이용하여 천하에 행하면 어려운 일이 없다고 하였다."(禮樂不可斯須去身. 致樂以治心, 則易直子諒之心油然生矣. 易直子諒之心生則樂, 樂則安, 安則久, 久則天, 天則神.

天則不言而信, 神則不怒而威, 致樂以治心者也. 致禮以治躬則莊敬, 莊敬則嚴威. 心中斯須不和不樂, 而鄙詐之心入之矣. 外貌斯須不莊不敬, 而易慢之心入之矣. 故樂也者, 動於內者也; 禮也者, 動於外者也. 樂極和, 禮極順, 內和而外順, 則民瞻其顏色而弗與爭也; 望其容貌, 而民不生易慢焉. …… 故曰, 致禮樂之道, 擧而錯之, 天下無難矣.)라고 하였다.

- 好惡(호오) : 『공전』에는 호오(好惡)를 상벌(賞罰)로 주석하였다. 『예기』「악기」편에서 "그러므로 선왕이 예악을 제정함에 있어 구복이목(口腹耳目)의 욕심을 다하게 하지 않고, 장차 백성으로 하여금 그 호오를 공평하게 하도록 가르쳐 바른 인도(人道)에 돌아가게 하려는 것이다."(是故先王之制禮樂也, 非以極口腹耳目之欲也, 將以教民平好惡而反人道之正也.)고 하였다.
- 詩云(시운) : 『시경』「소아 · 절남산」에 있다.
- 赫赫(혁혁) : 빛나는 모양, 세력이 성대한 모양.
- 師尹(사윤) : '사(師)'는 주나라 삼공(三公: 太師 · 太傅 · 太保)의 하나인 태사로 이는 문관의 최고위직. '윤(尹)'은 윤씨(尹氏).
- 瞻(첨) : 올려다보다, 우러러보다.

09 효의 정치

효치장 孝治章

이 장에서는 한마디로 효로 정치하는 것을 말한다. 효가 치국평천하(治國平天下)의 근본임을 말한 것이다. 효로 정치의 가장 중요한 덕목을 삼을 때 정치안정이 가능하다는 논리이다. 일종의 도덕과 정치를 분리하지 않은 정치 형태이다. 『금문효경』에서는 8장에 해당한다.

子曰,
zǐ yuē

"昔者明王之以孝治天下也,
xī zhě míng wáng zhī yǐ xiào zhì tiān xià yě

不敢遺小國之臣,
bù gǎn yí xiǎo guó zhī chén

而況於公侯伯子男乎. 故得
ér kuàng yú gōng hóu bó zǐ nán hū gù dé

萬國之歡心，以事其先王."
wàn guó zhī huān xīn yǐ shì qí xiān wáng

공자가 말했다.
"옛날에 명철한 군주가 효로써 천하를 다스릴 때에는 작은 나라의 신하도 소홀히 하지 않았는데, 하물며 공·후·백·자·남임에랴! 그러므로 모든 나라로부터 환심을 얻어서 그 선왕을 섬기었다."

- 明王(명왕) : 명철한 군주, 성인의 정치를 베푼 선왕(先王), 성왕(聖王).
- 遺(유) : 망실(亡失), 잊다, 소홀히 하다, 버리다.
- 小國(소국) : 경·대부·사 등 소제후(小諸侯)가 다스리는 나라. 『효경대의』에는 "작은 나라의 신하는 토지가 협소하여 50리가 되지 않아 제후에게 부속된 것이니, 부용(附庸)이라 한 것이 이것이다." (小國之臣, 謂土地褊小, 不能五十里, 附於諸侯, 曰附庸是也.) 라고 했다.
- 況(황)~乎(호) : 하물며~임에랴!
- 公侯伯子男(공후백자남) : 제후의 다섯 등급. 공과 후의 땅은 사방 100리, 백은 70리, 자와 남은 50리. 50리 이하는 모두 소국이다. 제후는 5년에 한번 천자를 조회(朝會)하였는데, 이 때 천자는 세자(世子)로 하여금 교외까지 나가 이들 제후들을 맞이하게 하였다. 또한 천자는 5년에 한번 제후국을 순수(巡狩)하며 만국의 환심을 샀던 것이다.

- 萬國(만국) : 제후의 나라.
- 歡心(환심) : 『금문효경』에는 '환(歡)'이 '환(懽)'으로 되어 있다.

"治國者，不敢侮於鰥寡，而況於士民乎．故得百姓之歡心，以事其先君．"

zhì quó zhě bù gǎn wǔ yú guān guǎ ér kuàng yú shì mín hū gù dé bǎi xìng zhī huān xīn yǐ shì qí xiān jūn

"나라를 다스리는 사람은 홀아비와 과부도 업신여기지 않는데, 하물며 선비와 백성들임에랴! 그러므로 백성들의 환심을 얻어 그 선대의 군주를 섬기었다."

- 治國者(치국자) : 나라를 다스리는 사람. 『정주』에 "나라를 다스리는 사람은 제후이다."(治國者, 諸侯也.)라고 하였고, 『어주』에서도 같은 해석을 하였다.
- 侮(모) : 모욕하다, 깔보다, 희롱하다, 업신여기다.
- 鰥寡(환과) : 홀아비와 과부. 『정주』에는 "남자 60세에 처가 없는 사람을 환(鰥)이라 하고, 부인 50세에 남편이 없는 사람을 과(寡)라 한다."(丈夫六十無妻曰鰥, 婦人五十無夫曰寡也.)라고 했고, 『맹자』「양혜왕하」편에는 "늙어서 처가 없는 것을 환이라 하고, 늙어서 남편이 없는 것을 과라 하고, 늙어서 자식이 없는 것을 독(獨)이라

하고, 어려서 아버지 없는 것을 고(孤)라 하였다. 이 네 부류의 사람은 천하의 곤궁한 백성들로 의지할 데 없는 사람들이다. 문왕은 정치하며 인정을 베풀 때 반드시 이 네 부류의 사람들을 우선하였다." (老而無妻曰鰥. 老而無夫曰寡. 老而無子曰獨. 幼而無父曰孤. 此四者, 天下之窮民而無告者. 文王發政施仁, 必先斯四者.)고 하였다.

- 士民(사민) : 사인(士人)과 서민. 여기서 사인은 서민 가운데 지식이 있는 사람으로 아직 관직을 얻지 못한 자를 가리킨다.
- 先君(선군) : 선대의 군주. 선왕(先王) · 선군(先君) · 선인(先人) · 선고(先考)는 모두 돌아가신 천자나 군주나 아버지에 대한 경칭이다.

"治家者, 不敢失於臣妾之心, 而況於妻子乎. 故得人之歡心, 以事其親."

zhì jiā zhě, bù gǎn shī yú chén qiè zhī xīn, ér kuàng yú qī zǐ hū. gù dé rén zhī huān xīn, yǐ shì qí qīn

"가(家)를 다스리는 사람은 신첩(臣妾)과 같이 천한 사람들의 마음을 잃지 않았는데, 하물며 처자(妻子)임에랴! 그러므로 사람들의 환심을 얻어 그 부모님을 섬기었다."

- 治家者(치가자) : 경대부(卿大夫). 『공전』에서 "경대부를 칭한다."

(卿大夫稱)고 하였고, 『정주』에서도 "치가는 경대부를 말한다."(治家謂卿大夫)고 하였다.

- 臣妾之心(신첩지심) : 가신(家臣)과 첩(妾). 신(臣)은 하인, 즉 경대부의 가신(家臣), 종자(從者), 군(君)을 섬기는 사람, 남자하인. 첩(妾)은 소실이나 여기서는 여자하인, 즉 여복(女僕). 『공전』에 "가신과 첩은 천한 사람이다."(家臣之與妾賤人也.)라고 하였다. 『효경대의』에는 "옛날 경(卿)은 측실(側室:지자(支子)중 한 사람을 가신으로 삼아 종족(宗族)의 일을 맡김)을 두고, 대부(大夫)는 이종(貳宗:서제(庶弟)중 한 사람을 가신으로 삼아 대부를 돕게 함)을 두고 사(士)는 예자제(隷子弟:신분이 낮으므로 예자제는 가신이 아닌 자제)가 있었다."(古者, 卿置側室,, 大夫有貳宗, 士有隷子弟.)라고 하며, 가신의 종류를 들고 있다. 『금문효경』에는 '지심(之心)' 두 글자가 없다.
- 妻子(처자) : 아내와 자식, 집안의 귀한 사람. 『공전』에 "아내와 자식은 집안의 귀한 존재."(妻之與子貴者也.)라고 하였다. 『예기』「애공문」편에서는 "옛날 삼대의 명철한 왕이 정치할 때 반드시 그 처자를 공경하는 데에는 도리가 있었다. 아내는 종묘의 제사지낼 때 주인이 되는 사람이니 공경하지 않을 수 있겠는가? 자식은 부모님의 후손이니 공경하지 않을 수 있겠는가?"(昔三代明王之政, 必敬其妻子也, 有道. 妻也者, 親之主也, 敢不敬與. 子也者, 親之後也, 敢不敬與.)라고 하며, 처자를 설명하고 있다.
- 得人之歡心(득인지환심) : 여기서 '인(人)'은 '일가(一家)'의 모든 사람. 『공전』에서는 "인은 채읍의 사람들이다."(人謂采邑之人也.)라 했다. 채읍은 대부에게 내려진 봉지(封地:領地).

“夫然故，生則親安之，
fú rán gù shēng zé qīn ān zhī

祭則鬼享之．是以天下和平，
jì zé guǐ xiǎng zhī shì yǐ tiān xià hé píng

災害不生，禍亂不作．
zāi hài bù shēng huò luàn bú zuò

故明王之以孝治天下也如此．”
gù míng wáng zhī yǐ xiào zhì tiān xià yě rú cǐ

詩云，“有覺德行，四國順之．”
shī yún yǒu jué dé xíng sì guó shùn zhī

“그렇기 때문에 살아계실 때 부모님께서 편안히 여기고, (부모님께서 돌아가셔서) 제사지낼 때에는 (귀신이) 흠향하였다. 이로써 천하가 화평하여 재해가 발생하지 않았고 재앙이 일어나지 않았다. 그러므로 명철한 군왕은 효로 천하를 다스린 것이 이와 같았다.”

『시경』에 “큰 덕행(德行)이 있으면 사방의 나라들이 순종한다.”라고 하였다.

- 祭則鬼(제즉귀) : 『예기』 「제통」 편에 “제사란 부모가 생존해 계실 때에 다해드리지 못한 봉양을 돌아가신 후에 계속 효도하는 것이다. 효란 기르는 것이다. 도리에 따라서 윤서를 거역하지 않는 것을 휵(畜)이라고 한다.”(祭者, 所以追養繼孝也. 孝者畜也. 順於道不逆於倫, 是之謂畜.)라 하였다. ‘귀(鬼)’란 귀신. 『설문해자』에 “귀신이란 돌아간 사람이다.”(鬼, 歸也.)고 하였고, 『예기』 「제법」 편에

는 "대저 천지간에 살아있는 것을 일러 모두 명(命)이라 하고, 만물이 죽은 것을 일러 모두 절(折)이라 하고, 사람이 죽으면 귀(鬼)라 한다."(大凡生於天地之間者, 皆曰命. 其萬物死, 皆曰折, 人死曰鬼)고 하였고, 『예기』「제의」편에서는 "모든 살아있는 것은 반드시 죽으며, 죽으면 반드시 흙으로 돌아가는데, 이것을 귀(鬼)라고 한다. 골육은 지하에서 썩어 흙이 되고, 기(氣)는 천상으로 올라가 소명(昭明)이 된다."(衆生必死, 死必歸土, 此之謂鬼. 骨肉斃於下, 陰爲野土, 其氣發揚于上, 爲昭明.)고 하였다.

- 享之(향지) : 『금문효경』에는 '향(享)'이 '형(亨)'으로 되어 있다. '향(享)'은 '향(饗)'과 같다. 흠향(歆饗)은 신(神)이 돌아와 공물(供物)을 받는 것.
- 災害不生(재해불생), 禍亂不作(화란부작) : 재해는 천재(天災:홍수, 가뭄, 전염병)이니 '생(生)'이고, 화란은 인재(人災:전쟁, 살인, 반란)이니 '작(作)'이다.
- 詩云(시운) : 『시경』「대아 · 억장」을 말한다.
- 有覺德行(유각덕행) : 『모전』에서는 '각(覺)'을 '직(直)'이라 했는데, '직(直)'은 '정직(正直)'으로 현인(賢人)을 의미한다. 또 『정주』에서는 "각은 대다. 대덕이 시행되자 사방의 나라들이 순종하고 그것을 시행하였다."(覺, 大也. 有大德行, 四方之國, 順而行之也.)라고 하였다.
- 四國(사국) : 사방의 제후국.

성치장 聖治章

성인(聖人)이 효를 이용하여 정치한 것을 말한 장이다. 하늘아래 인간이 가장 귀하고, 인간의 행위 가운데 효보다 큰 것이 없다고 하였다. 효도의 기본은 부모를 존경하는 것이고, 부모존경의 가장 큰 것은 하늘처럼 받드는 것이라 하며, 주공(周公)이 그에 해당한다고 하였다. 성인의 교화와 정치가 잘 시행되는 것은 효에 기반을 두고 있기 때문이라 한 것이다. 『금문효경』에서는 9장에 해당한다.

曾子曰，"敢問，聖人之德，
zēng zǐ yuē gǎn wèn shèng rén zhī dé

其亡以加於孝乎."
qí wú yǐ jiā yú xiào hū

子曰，"天地之性，人爲貴.
zǐ yuē tiān dì zhī xìng rén wéi guì

人之行，莫大於孝．
rén zhī xíng mò dà yú xiào

孝莫大於嚴父，嚴父莫大於
xiào mò dà yú yán fù yán fù mò dà yú

配天，則周公其人也．”
pèi tiān zé Zhōu gōng qí rén yě

증자가 말했다.

“감히 질문하겠습니다. 성인의 덕은 효보다 더한 것이 없습니까?”

공자가 대답했다.

“천지의 품성 중에는 인간의 품성이 가장 귀하고, 인간의 행위 가운데에는 효보다 큰 것이 없고, 효도는 아버지를 존경하는 것보다 큰 것이 없고, 아버지를 존경하는 데에는 하늘에 배향하는 것보다 큰 것이 없는데, 주공이 그런 사람이다.”

- 其亡以加於孝乎(기무이가어효호) : 『금문효경』에는 ‘기(其)’자가 없고, ‘무(亡)’는 ‘무(無)’로 되어 있다.
- 天地之性(천지지성) : 주자학에서 말하는 ‘기질지성(氣質之性)’에 상대되는 ‘본연지성(本然之性)’을 말한다. 하늘로부터 부여받은 본래의 성. 『중용』에 “하늘이 명한 것을 성이라 한다.”(天命之謂性.)고 하였다.
- 人爲貴(인위귀) : ‘귀(貴)’에 대해 『정주』에서는 “귀는 만물과 다른 것이다.”(貴其異於萬物也.)라고 하였다. 『예기』 「제의」 편에 “하늘이 낳고 땅이 기른 것 가운데 사람보다 큰 것이 없다.”(天之所生, 地之所養, 無人爲大.)라고 하였다.

- 莫大於孝(막대어효) : 『정주』에서는 이를 두고 "효란 덕의 근본이니 또 이보다 더한 게 있겠는가?"(孝者, 德之本, 又何加焉.)라고 주석했다.
- 嚴父(엄부) : 『공전』에서는 '엄(嚴)'을 '존(尊)'이라 해서, '엄부(嚴父)'를 "아버지를 존경하는 것"이라 했다. 『맹자』 「만장상」 편에 "효자의 지극함은 부모를 존경하는 것보다 큰 것이 없고, 부모를 존경하는데 지극함은 천하로써 봉양하는 것보다 큰 것이 없다."(孝子之至, 莫大乎尊親, 尊親之至, 莫大乎以天下養.)고 하였다.
- 配天(배천) : '배(配)'는 '합(合)'. 짝한다, 배향한다. 하늘에 제사지낼 때에 아버지께 함께 제사지낸다. 하늘 섬기듯 아버지를 똑같이 섬긴다.
- 周公(주공) : 이름은 단(旦). 주나라 문왕(文王)의 아들, 무왕(武王)의 동생. 형 무왕을 도와서 은(殷)의 주왕(紂王)을 멸망시키었다. 무왕이 죽자 무왕의 어린(10살) 아들 성왕(成王)을 도와 6년간 섭정(攝政)하였다. 이 내용은 성왕이 천자로써 하늘에 제사지낼 때, 주공이 그 일을 맡아 했으며, 그 때 아버지인 문왕을 배사(配祀)한 것을 말한다. 『예기』 「명당위」 편의 기록이다. "이로써 주공이 무왕을 도와 주왕을 정벌하였다. 무왕이 죽었을 때, (무왕의 아들) 성왕은 어린 나이였다. (그래서) 주공이 천자의 자리에 올라 천하를 다스렸다. (이렇게 섭정한지) 6년에 (주공은) 제후들을 명당(明堂: 천자가 정교(政敎)를 밝히는 궁전)에서 조회하며 예악을 제정하고 표준 도량형을 반포하고 천하를 크게 복종시키었다. (섭정한지) 7년에 (주공은) 성왕에게 정치를 돌려주었다. (그러자) 성왕은 주공을 천하에 공훈이 큰 분으로 삼았다. 이로써 성왕은 주공을 곡부에 봉했다. 땅이 사방 7백리였고 병거(兵車)가 천승이었다. (성왕은) 노공(魯公:주공의 아들)에게 명하여 대대로 주공을 제사지낼 때 천자의

예악으로써 하도록 했다. 그래서 노군(魯君)은 맹춘(孟春:정월)에 대로(大路:하늘에 제사지낼 때 타는 수레)를 타고, 호(弧:기가 늘어지지 않도록 기의 위쪽에 다는 활)와 독(韣:활집)을 세우고, 깃발에는 12개의 끈을 달고, 해와 달을 그렸다. 그리고 천제(天帝)를 남교(南郊)에서 제사지낼 때 주나라의 선조인 후직(后稷)을 배향하였는데, 이것이 천자의 예였다."(是以周公相武王以伐紂. 武王崩, 成王幼弱. 周公踐天子之位以治天下. 六年, 朝諸侯於明堂, 制禮作樂, 頒度量, 而天下大服; 七年, 致政於成王. 成王以周公爲有勛勞於天下. 是以封周公於曲阜. 地方七百里, 革車千乘. 命魯公, 世世祀周公, 以天子之禮樂. 是以魯君, 孟春乘大路, 載弧韣, 旂十有二旒, 日月之章. 祀帝于郊, 配以后稷. 天子之禮也.)

"昔者, 周公郊祀后稷以配天,
xī zhě Zhōu gōng jiāo sì Hòu jì yǐ pèi tiān

宗祀文王於明堂以配上帝.
zōng sì Wén wáng yú míng táng yǐ pèi shàng dì

是以四海之內,
shì yǐ sì hǎi zhī nèi

各以其職來助祭. 夫聖人之德,
gè yǐ qí zhí lái zhù ji fú shèng rén zhī dé

又何以加於孝乎."
yòu hé yǐ jiā yú xiào hū

"옛날에 주공이 남교(南郊)에서 후직(后稷)을 제사할 때에는 하늘에 배향하였고, 명당에서 문왕을 제사할 때에는 상제(上帝)에

배향하였다. 그래서 온 나라 제후들이 각기 그 맡은 직분으로 와서 제사를 도왔으니, 성인의 덕에 또 무엇이 효보다 더한 것이 있겠는가?"

- 郊祀(교사) : 천자가 동지에 남쪽 교외(郊外)에서 하늘에 제사지내는 것. '교(郊)'란 왕궁 밖 50리에서 100리안의 땅. 천자가 동짓날 남쪽 교외에서 원구(圓丘)라는 둥근 언덕을 쌓고 하늘에 제사지냈기에 원구제(圓丘祭)라고도 함. 『정주』에는 "교(郊)라고 하는 것은 하늘에 제사지내는 것을 이름 한다."(郊者, 祭天之名.)고 하였다.
- 后稷(후직) : 순(舜)임금의 신하로 주(周)의 시조. 무왕의 15대 조상. 성은 희(姬), 이름은 기(棄). 요임금 때 농사를 담당하는 농사(農師)라는 관리가 되어 백성의 생활을 안정시켰기 때문에 훗날 농경의 신으로 숭배됨. '후(后)'는 '군(君)', '직(稷)'은 '오곡(五穀)'.
- 宗祀(종사) : 종묘의 제사. 시조를 제사하는 것.
- 文王(문왕) : 태왕(太王)의 손자, 왕계(王季)의 아들, 무왕(武王)의 아버지. 은나라 주왕 때 제후로 공적이 뛰어나 주왕의 미움을 삼. 주나라 건립 후 무왕에 의해 문왕으로 추대됨. 성은 희(姬), 이름은 창(昌).
- 明堂(명당) : 왕이 정령(政令)을 내리고 교화하는 집. 왕성(王城)의 남쪽 근교에 흙을 높이 쌓아올려 만든 궁전. 천자가 제후들을 조회하는 곳. 상제를 제사하는 곳.
- 上帝(상제) : 천제(天帝). 오방(五方)의 상제. 동방의 창제(蒼帝), 남방의 적제(赤帝), 중앙의 황제(黃帝), 서방의 백제(白帝), 북방의 흑제(黑帝). 은대(殷代)에는 상제를 주대(周代)에는 천을 숭배하였다. 『효경대의』에는 "천은 형체로 말한 것이고, 상제는 주재로써 말

한 것이다."(天以形體言, 上帝以主宰言.)라고 해서, 천과 상제를 구별하고 있다.

- 各以其職(각이기직) : 여기서 '직(職)'이란 제후의 직분에 따른 책무인데, 제후들은 천자에게 공물(貢物) 바칠 책무가 있다.
- 來助祭(래조제) : 『금문효경』에는 '조(助)'자가 없다.

"是故親生毓之, 以養父母日嚴.
shì gù qīn shēng yù zhī yǐ yǎng fù mǔ rì yán

聖人因嚴以教敬, 因親以教愛.
shèng rén yīn yán yǐ jiāo jìng yīn qīn yǐ jiāo ài

聖人之教, 不肅而成,
shèng rén zhī jiào bú sù ér chèng

其政不嚴而治, 其所因者本也"
qí zhèng bù yán ér zhì qí suǒ yīn zhě běn yě

"그러므로 부모님이 (자식을) 낳아 기르면 (자식은) 부모님을 부양하며 날로 공경하였다. 성인은 그 공경하는 마음을 따라서 공경을 가르치고, 친애하는 마음을 따라서 사랑을 가르쳤다. 성인의 가르침은 엄숙하지 않아도 이루어지고 그 정치는 엄중하지 않아도 다스려졌는데, 그 따른 것이 근본(효)이었기 때문이다."

- 是故(시고) : 『금문효경』에는 '시(是)'자가 없다.
- 親生毓之(친생육지) : '생육(生毓)'은 '생육(生育)'. '육(毓)'은 '육

(育)'의 고자. 『금문효경』에는 '생육지(生毓之)'가 '생지슬하(生之膝下)'로 되어있다. 『효경대의』는 이 문맥의 내용을 『금문효경』을 따랐지만, 전체의 내용을 파악하는데 도움이 될 것 같아 여기에 그 주석부분을 소개한다. "사람의 자식은 태어나서 3년이 되어야 부모님의 품에서 벗어난다. 나를 키워주시고 나를 길러주시고 나를 돌보시고 나를 돌봐주시고 출입할 때 나를 안아 주시니, 골육(骨肉)의 친함이 이보다 가까움이 없고, 낳아 길러주신 은혜가 이보다 큼이 없다. 그러므로 『시경』 「대아」 편에서 '(부모님의) 덕을 갚고자 할진대 하늘처럼 가이 없다.'고 하였다. 부모의 은덕은 하늘과 같아서 비록 효도를 다하여 보답하고자 하여도 끝이 없다는 것을 말한 것이다. 그러나 이것은 모두 인심(人心)의 고유한 이치이기 때문에 부모님을 사랑할 줄 모르는 어린아이는 없다. 그러나 성인께서는 다시 사람들이 (부모님의) 은혜에 너무 가까워서 버릇없이 대하며 사랑을 믿어서 불경(不敬)하는 잘못에 쉽게 빠지는 것을 염려하였다. 이에 존엄히 여김을 따라 공경을 가르쳐서 부모님을 사랑하되 버릇없이 부모를 업신여기는데 이르지 않게 하고, 친근히 여김을 따라 사랑을 가르쳐서 부모님을 공경하되 부모를 소원(疎遠)히 하는데 이르지 않게 한 것이다."(人子之生也, 三年然後, 免於父母之懷, 長我育我, 顧我復我, 出入腹我, 骨肉之親, 無有密於此者, 生養之恩, 無有大於此者. 故曰欲報之德, 昊天罔極. 言父母恩德, 與天地竝, 雖盡孝道, 欲以報之, 亦復無有窮極. 此皆人心固有之理. 是以孩提之童, 無不知愛其親. 聖人復恐其狎恩恃愛, 而易失於不敬. 於是, 因嚴敎敬, 使愛而不至於褻, 又因親敎愛, 使敬而不至於疎.)

- 日嚴(일엄) : '엄(嚴)'은 공경하다, 존중하다. 『주역』 「가인괘」에 "家人有嚴君焉, 父母之謂也."라 하였는데, 곧 엄군(嚴君)은 부모

를 존중해서 말할 때 쓴다. 직역하면 엄한 아버지이지만 아버지를 존중하고 공경한다는 뜻으로도 사용한다.

- 不肅而成(불숙이성) : 『정주』에는 "성인은 인정에 따라서 백성들을 교화하여 백성들이 모두 즐거워한다. 그래서 엄숙하지 않아도 이루어진다."(聖人, 因人情而敎民, 民皆樂之. 故不肅而成也.)고 하였다.
- 不嚴而治(불엄이치) : 『정주』에는 "(성인은) 몸소 바르게 하여 명령을 내리지 않아도 시행되기 때문에 엄중하지 않아도 다스려졌다."(其身正, 不令而行, 故不嚴而治也.)고 하였다.
- 其所因者本也(기소인자본야) : '기(其)'는 성인을 가리킨다. '본(本)'을 『공전』에서는 인간의 본성이라 하였고(人之本性), 『어주』와 『정주』에서는 효(孝)라고 하였다.(本謂孝也.)

11 부모님 공적

부모생적장 父母生績章

『금문효경』에는 이 장이 없고, 앞의 「성치장」과 합쳐져 있다. 여기서는 "부모님이 (자식을)낳아 기른 것의 공적"(父母生績)을 칭송하였다.

子曰,"父子之道,天性也,
zǐ yuē fù zǐ zhī dào tiān xìng yě

君臣之誼也.父母生之,
jūn chén zhī yì yě fù mǔ shēng zhī

績莫大焉,君親臨之,
jī mò dà yān jūn qīn lín zhī

厚莫重焉."
hòu mò zhòng yān

공자가 말했다.

"부모와 자녀의 도는 천성이고, 군주와 신하의 의다. 부모님께서 낳아주셨으니 공적이 이 보다 큰 것이 없고, 군주[家君]가 친히 다스리시니 (사랑과 의리의) 후함이 이 보다 중한 것이 없다."

- 子曰(자왈) : 『금문효경』에는 없다.

- 君臣之誼(군신지의) : 『금문효경』에는 '의(誼)'가 '의(義)'로 되어 있다. 『효경간오』에서는 문맥상 앞 문장 "父子之道, 天性."처럼 "君臣之誼(義)"다음 내용이 빠진듯하다고 지적하였다. 한편 『효경대의』에서는 "부자의 도를 천성이라 한 것은 친근함을 말하고, 군신의 의라는 것은 존엄(尊嚴)을 말한다."(父子之道天性, 謂親也. 君臣之義, 謂嚴也.)고 해서, 그 빠진 내용을 '존엄(尊嚴)'으로 보충하였다. 그것은 『주역』「가인괘」에 "가인에 엄군이 있으니 부모를 말한다."(家人有嚴君焉, 父母之謂也.)라고 한 것에 근거한 것이다. 따라서 여기서 '군(君)'은 '가군(家君)'이라는 것이다. 반면 『정주』에서는 "군신간에는 천성이 있지 않고, 다만 의에 합할 뿐이다."(君臣非有天性, 但義合耳.)라고 해서, 일반적인 '군신유의(君臣有義)'의 입장에서 해석하였다.

- 績莫大焉(적막대언) : 공적이 이보다 큼이 없다. 『공전』에서는 그 공적을 낳고[生], 어루만지고[撫], 기르고[育], 돌보고[顧], 돌아보고[復] 하는 것이라 하였다. 『금문효경』에는 '적(績)'이 '속(續)'으로 되어 있다. 이것은 "부모가 나를 낳아 주셨으니 대를 잇는 것이 무엇보다 큰 일이다."는 의미로 풀이된다. 『맹자』「이루상」편에 "불효에는 세 가지가 있는데, 후손 없는 것이 가장 크다."(不孝有三, 無後爲大.)고 하였는데, 이것을 뒷받침 한다.

• 厚莫重焉(후막중언) : 은애(恩愛)와 의리(義理)의 두터움. 『정주』에서는 일반적인 '군신(君臣)'관계로 해석하며 '후(厚)'를 '작록(爵祿)'의 두터움으로 보았다. 『금문효경』에서는 이 문장 뒤에 곧바로 '고(故)'로 이어지는 문장이 있으나 여기 『고문효경』에서는 '고(故)' 자는 빠지고 「효우열장」으로 장이 나뉘었다.

12 효와 불효

효우열장 孝優劣章

『금문효경』엔 이 장도 역시 「성치장」에 붙어 있다. 여기서는 자신의 부모에 대한 사랑과 공경은 없고 남을 사랑하고 공경하는 것을 어긋난 덕과 예라고 하였다. 군자는 그것을 잘 실천한다는 것이다. 앞에서 효의 못한[劣]한 내용을 설명하고, 뒤에서 효의 우수한 내용을 말했다.

子曰,“不愛其親, 而愛他人者,
zǐ yuē bú ài qí qīn ér ài tā rén zhě

謂之悖德. 不敬其親,
wèi zhī bèi dé bú jìng qí qīn

而敬他人者, 謂之悖禮.
ér jìng tā rén zhě wèi zhī bèi lǐ

以訓則昏，民亡則焉.
yǐ xùn zé hūn mín wú zé yān

不宅於善，而皆在於凶德.
bú zhái yú shàn ér jiē zài yú xiōng dé

雖得志，君子弗從也."
suī dé zhī jūn zǐ fú cóng yě

공자가 말했다.
"그 부모님을 사랑하지 않고 다른 사람을 사랑하는 것을 패덕(悖德)이라 말하고, 그 부모님을 공경하지 않고 다른 사람을 공경하는 것을 패례(悖禮)라고 한다. (패덕과 패례) 이로써 가르쳐 혼란해지면 백성들은 본받을 게 없다. 선덕(善德)에 머물지 않으면 모두가 흉덕(凶德)에 놓인다. (그렇다면) 비록 지위를 얻었더라도 군자는 따르지 않는다."

- 子曰(자왈) : 『금문효경』에는 '고(故)'로 되어 있다.
- 而愛他人者(이애타인자) : "다른 사람을 사랑하는 자." 『공전』에서는 "애경의 도리를 부모님 섬김을 다한 뒤에 다른 사람에게 베푸는 것이 효의 근본이다."(盡愛敬之道, 以事其親, 然後施之於人, 孝之本也.)고 하였다. 『어주』도 『공전』과 같은 맥락에서 해설하였다. 하지만 『정주』에서는 '타인'을 '타인의 부모(他人之親者)'라고 하였다.
- 悖德(패덕) : '패(悖)'는 '난(亂)'의 뜻. 『순자』「성악」편에 "인간이 예의가 없으면 혼란하게 되고, 예의를 모르면 패역하게 된다. 그렇기 때문에 태어나면서 그대로의 상태로는 패란(悖亂)만 있을 뿐이다. 이로써 보자면 인간의 본성은 악한 게 분명하고, 선한 것은 거짓

이다."(人無禮義則亂, 不知禮義則悖, 然則生而已, 則悖亂在己. 用此觀之, 人之性惡明矣, 其善者僞也.)라고 하였다.

- 以訓則昏(이훈즉혼) : 패덕하고 패례한 것으로써 가르쳐 혼란하게 되다. 『금문효경』에는 '以順則逆(이순즉역)'이라 했으니, "(패덕과 패례로써 백성을) 순종하게 하면 (백성은) 거역한다."로 해석할 수 있다. "以之順民, 民則逆."이라 할 수 있다. 『효경대의』는 이 문장 뒤로 90글자를 삭제하였다. 이유는 『좌전』「양공」31년조에 실린 내용을 뒤섞어 놓았기 때문에 앞뒤 연결이 안 되기 때문이라고 하였다.
- 民亡則焉(민무칙언) : 백성들이 본받을 게 없다. 『금문효경』에는 '무(亡)'가 '무(無)'로 되어 있다. '칙(則)'은 본받다. 법칙, 규칙.
- 不宅於善(불택어선) : '택(宅)'은 『공전』에 '거(居)'라 했다. 주거, 거처, 머물다. 풀면 "선덕(善德)에 머물지 않으면"이 된다. 또 『공전』에서는 '선(善)'을 '선덕'이라 하고, 그 내용은 효제경순(孝弟敬順)이라 하였다. 『금문효경』에는 '택(宅)'이 '재(在)'로 되어 있다.
- 凶德(흉덕) : 악덕(惡德). 『공전』에서는 "혼란해서 본받을 수 없는 것을 흉덕이라고 한다. 그 부모님을 사랑하지 않으니 효제를 실천하지 않는 것이요, 그 부모님을 공경하지 않으니 공경하고 순종하지 않는 것이다. 그래서 '선덕에 머물지 않으면 모두가 흉덕에 있는 것이다.'라고 한 것이다."(昏亂無法爲凶德, 不愛其親非孝弟也, 不敬其親非敬順也. 故曰, 不居於善, 皆在於凶德也.)라고 주석하였다. 『정주』에는 "악인은 예로써 선을 행할 수 없기 때문에 이에 악하게 되는데, 마치 걸주가 이런 경우이다."(惡人不能以禮爲善, 乃化爲惡, 若桀紂是也.)라고 하였다.
- 雖得志(수득지) : 『공전』에서는 "득지란 지위에 올라서 덕을 실천하는 것이다."(得志謂居位, 行德也.)라 했다. 『금문효경』에는 '지

(志)'가 '지(之)'로 되어 있다.

- 君子弗從也(군자불종야) : 군자는 따르지 않는다. 『공전』에서는 "의롭지 않게 나에게 부귀가 다가오는 것은 마치 뜬 구름 같고 만물에 윤택이 없기 때문에 군자는 따르지 않는다."(不誼而富貴於我, 如浮雲, 無潤澤於萬物, 故君子弗從.)고 하였다. 『금문효경』에는 '불종(弗從)'이 '불귀(不貴)'로 되어 있으니, "군자는 귀하게 여기지 않는다."가 될 것이다.

"君子則不然，言思可道，
jūn zǐ zé bù rán yán sī kě dào

行思可樂．德誼可尊，
xíng sī kě lè dé yì kě zūn

作事可法，容止可觀，
zuò shì kě fǎ róng zhǐ kě guān

進退可度，以臨其民．
jìn tuì kě dù yǐ lín qí mín

是以其民畏而愛之，
shì yǐ qí mín wèi ér ài zhī

則而象之．故能成其德教，
zé ér xiàng zhī gù néng chéng qí dé jiào

而行其政令．"
ér xíng qí zhèng lìng

詩云，"淑人君子，其儀不忒．"
shī yún shū rén jūn zǐ qí yí bú tè

"군자라면 그렇지 않다. 말할 때에는 옳은 말인가를 생각하고 행동할 때에는 즐거울까를 생각한다. (그래서 군자의) 덕과 의는 존경받을 만하고 행동은 모범이 될 만하며, 행동거지는 볼만하고 나가고 물러서는 것은 법도로 삼을만하여 이로써 백성을 대한다. 그래서 그 백성들은 (군자를) 경외하면서 사랑하고 법도로 삼으면서 본받는 것이다. 그러므로 (군자는) 도덕교육을 이룩하여 그 정치적 명령을 실천할 수 있었다."

『시경』에 말했다.

"선인군자는 그 의례가 법도에 어긋나지 않는다."

- 言思可道(언사가도) : "말할 때에는 먼저 옳은 말인가를 생각한다." '도(道)'는 '말하다(言)'의 뜻. 『공전』에서는 "말할만한 말인가를 생각한 뒤에 말하기 때문에 말에 반드시 신빙성이 있고, 행동할만한 일인가를 생각한 뒤에 행동하기 때문에 반드시 행동에 바른 결과가 있다. 선왕의 법언에 부합하기 때문에 말할 수 있고, 선왕의 덕행에 부합하기 때문에 행동할 수 있다."(思可道之言, 然後乃言, 言必信也, 思可行之事, 然後乃行, 行必果也, 合乎先王之法言, 故可道, 合乎先王之德行, 故可行也.)라고 해설하였다.
- 行思可樂(행사가락) : "행동할 때에는 먼저 마음이 즐거울 수 있는가를 생각한다." 『논어』「옹야」편에서는 즐거움의 실체를 "아는 것은 좋아하는 것만 못하고 좋아하는 것은 즐기는 것만 못하다."(知之者不如好之者, 好之者不如樂之者.)라고 하였고, 『논어』「계씨」편에서는 생각의 내용을 "군자는 아홉 가지를 생각한다. 바라볼 때에는 밝음을 생각하고, 들을 때에는 귀밝음을 생각하고, 얼굴빛은 온화함을 생각하고, 모양은 공손함을 생각하고, 말은 충실함을 생각

하고, 일은 경건함을 생각하며, 의심날 때에는 질문할 것을 생각하고, 분할 때에는 어려움을 생각하고, 얻음을 보면 의로운가를 생각한다."(君子有九思. 視思明, 聽思聰, 色思溫, 貌思恭, 言思忠, 事思敬, 疑思問, 忿思難, 見得思義.)라고 하였다.

- 德誼可尊(덕의가존) : 덕과 의는 존경할 만하다. 『공전』에서는 "덕을 세우고 마땅함을 실천하며 도리의 바름을 벗어나지 않기 때문에 존경받을 만하다."(立德行誼, 不違道正, 故可尊也.)고 주석하였다. 『정주』에서는 '가존(可尊)'을 "본받을 만하다."(法也.)라고 하였다. 『금문효경』에서는 '의(誼)'가 '의(義)'로 되어 있다.
- 作事可法(작사가법) : 행동은 법도에 맞았다. '작사(作事)'는 행위나 행동. 『정주』는 '법(法)'을 '칙(則)'이라 하였다.
- 容止可觀(용지가관) : 행동거지는 볼만하다. 우리가 사용하는 '가관'이 '꼴불견'이라는 부정적 의미이지만, 여기서는 긍정적 의미이다. 『공전』에서는 '용지'를 '위의(威儀)'라 했고, 『정주』에서는 "위의가 예에 맞아 볼만하다."(威儀中禮故可觀.)고 하였다.
- 進退可度(진퇴가도) : 나아가고 물러섬은 법도에 맞아 모범으로 삼을 만하다.
- 則而象之(칙이상지) : '칙(則)'은 법도, 법칙. '상(象)'은 본받다, 본뜨다.*
- 詩云(시운), 淑人君子(숙인군자), 其儀不忒(기의불특). : "선인군자(善人君子)는 예의에 어긋남이 없네."(『시경』「조풍 · 시구」) '숙(淑)'은 '선(善)'.

* 『한비자』「해로(解老)」: "사람들이 살아있는 코끼리를 보는 것은 매우 드문 일이다. 그래서 죽은 코끼리의 뼈를 얻어서 그것을 그린 것으로 살아 있는 것을 상상하게 하였다. 그래서 많은 사람들이 상상하는 것을 모두 상(象)이라고 하였다."(人希見生象也, 而得死象之骨, 案其圖以想其生也, 故諸人之所以意想者, 皆謂之象也.)

13 효자의 도리

기효행장 紀孝行章

'기(紀)'는 '기(記)', 따라서 '기효행'은 효행의 구체적인 기록을 말한다. 여기서는 평상시 기거할 때, 봉양할 때, 병들었을 때, 돌아가셨을 때, 제사지낼 때의 다섯 가지 경우로 나눠 효를 설명하였고, 또 윗자리에 있을 때, 아랫자리에 있을 때, 같은 부류와 함께 지낼 때의 세 가지 경계해야할 내용을 말하였다. 『금문효경』에서는 10장에 해당한다.

子 曰 ,"孝 子 之 事 親 乎 ,
zǐ yuē xiào zǐ zhī shì qīn hū

居 則 致 其 敬 , 養 則 致 其 樂 ,
jū zé zhì qí jìng yǎng zé zhì qí lè

疾 則 致 其 憂 , 喪 則 致 其 哀 ,
jí zé zhì qí yōu sāng zé zhì qí āi

祭則致其嚴. 五者備矣,
jì zé zhì qí yán wǔ zhě bèi yǐ

然後能事其親."
rán hòu néng shì qí qīn

공자가 말했다.
"효자가 부모님을 섬김에 평소에는 공경을 극진히 하고, 봉양할 때에는 즐거움을 극진히 하고, 질병이 나셨을 때에는 근심을 극진히 하고, 돌아가셨을 때에는 슬픔을 극진히 하고, 제사지낼 때에는 엄숙함을 극진히 해야 한다. 이 다섯 가지를 갖춘 뒤라야 부모님을 잘 섬기는 것이다."

- 孝子之事親乎(효자지사친호) : 『금문효경』에는 '호(乎)'가 '야(也)'로 되어 있다.
- 居則致其敬(거즉치기경) : '거(居)'는 평상시 집안에 있을 때, '치(致)'는 '진(盡)'.
- 其(기) : '치기경(致其敬)' '치기락(致其樂)' '치기우(致其憂)' '치기애(致其哀)' '치기엄(致其嚴)'의 '기(其)'는 모두 자식으로 봄이 좋을 듯하다.
- 敬(경), 養(양) : 마음에서 우러나오는 공경. 음식으로 봉양하는 것. 『논어』「위정」편에 '경'과 '양'의 차이를 잘 설명하고 있다. "오늘날의 효라고 하는 것은 봉양을 말한다. 개나 말에게도 모두 봉양이 있으니, 공경하는 마음이 없으면 무엇이 다르겠는가?"(今之孝者, 是謂能養. 至於犬馬, 皆能有養; 不敬, 何以別乎?) 『예기』「제의」편

에는 "봉양은 가능하나 공경한다는 것은 어렵다."(養可能也, 敬爲難)라고 했다. 『여씨춘추』 「효행람」 편에서는 봉양의 내용으로 양체(養體), 양목(養目), 양이(養耳), 양구(養口), 양지(養志)의 다섯 도리를 말하였다.(養有五道, 修宮室, 安牀笫, 節飮食, 養體之道也. 樹五色, 施五采, 列文章, 養目之道也. 正六律, 龢五聲, 雜八音, 養耳之道也. 熟五穀, 烹六畜, 龢煎調, 養口之道也. 龢顔色, 說言語, 敬進退, 養志之道也. 此五者, 代進而厚用之, 可謂善養矣.)

- 疾則致其憂(질즉치기우) : 『금문효경』에는 '질(疾)'이 '병(病)'으로 되어 있다. 『설문해자』에 "疾, 病也."라 했으니 의미는 같다. '질병(疾病)'은 모두 '병들어 기댈 역(疒)'자에 음의 요소 '矢'와 '丙'의 합성자. 병들어 기댈 역은 환자가 침상에 누워있는 모습을 그린 것이다. 『논어』 「위정」 편에 맹무백(孟武伯)이 효에 대해 묻자 공자가 "부모님은 오로지 질병 나는 것을 걱정한다."(父母唯其疾之憂.)고 하였다.
- 喪則致其哀(상즉치기애) : 『예기』 「단궁하」 편에서 "상례는 슬퍼함의 지극한 것이다. 슬픔을 절제하는 것은 (슬퍼하는 심정을 점차) 변화시키는 것이다. 군자는 (나를 낳아준) 부모님을 생각한다."(喪禮, 哀戚之至也, 節哀, 順變也; 君子念始之者也.)고 하였고, "애통해하며 가슴을 치고 뛰는 것은 슬픔이 지극해서이다. (그것이 몇 번인가) 계산하는 것은 애통함을 절제하기 위한 방법이다."(辟踊, 哀之至也, 有算, 爲之節文也.)고 하였다.
- 祭則致其嚴(제즉치기엄) : 『예기』 「제의」 편에 "제사란 자주함을 원치 않는다. 자주하면 번거롭고 번거로우면 공경하는 마음이 생기지 않는다. 제사란 소홀함을 원치 않는다. 소홀하면 태만해지고, 태만하면 잊게 된다."(祭不欲數, 數則煩, 煩則不敬. 祭不欲疏, 疏則怠, 怠則忘.)고 하였고, "효자가 제사를 함에 있어 그 정성을 다하여

삼가고 그 충신(忠信)을 다하여 신뢰하며 그 공경을 다하여 공손히 모시며 그 예의를 다하여 허물이 없도록 한다."(孝子之祭也, 盡其慤而慤焉, 盡其信而信焉, 盡其敬而敬焉, 盡其禮而不過失焉.) 고 하였다.

- 五者(오자) : 공경(敬) · 즐거움(樂) · 근심(憂) · 슬픔(哀) · 엄숙함(嚴)의 효행. 생전의 세 가지와 그 후의 두 가지.

- 能事其親 : 『금문효경』에는 '기(其)'자가 없다. 『예기』「내칙」편에 이 내용과 유사한 것이 실려 있다. "증자가 말했다. '효자가 노부모님을 봉양하는 데에는 마음을 즐겁게 해드리고, 뜻에 어긋나지 않도록 하고, 눈과 귀를 즐겁게 해드리고, 잠자리를 편안히 해드리고, 음식을 해 올릴 때에는 충심으로 봉양해야 한다. 효자는 종신토록 이렇게 한다. 종신토록 이라고 하는 것은 부모님의 종신이 아니라 본인 자신의 종신이다. 그러므로 부모님이 사랑하는 것을 또한 사랑하고, 부모님이 공경하는 것을 공경한다. 개와 말에까지도 그렇게 하는데, 하물며 사람임에랴!'"(曾子曰, 孝子之養老也, 樂其心, 不違其志, 樂其耳目, 安其寢處, 以其飮食忠養之. 孝子之身終. 終身也者, 非終父母之身, 終其身也. 是故父母之所愛亦愛之, 父母之所敬亦敬之. 至於犬馬盡然, 而況於人乎!)

"事親者, 居上不驕, 爲下不亂,
shì qīn zhě jū shàng bù jiāo wéi xià bú luàn

在醜不爭. 居上而驕則亡,
zài chǒu bù zhēng jū shàng ér jiāo zé wáng

爲下而亂則刑, 在醜而爭則兵.
wéi xià ér luàn zé xíng zài chǒu ér zhēng zé bīng

此三者不除，雖日用三牲之養，
cǐ sān zhě bù chú suī rì yòng sān shēng zhī yǎng

猶爲不孝也.”
yóu wéi bú xiào yě

“부모님을 섬기는 사람은 윗자리에 있을 때 거만하지 않고, 아랫사람이 되어서는 질서를 어지럽히지 않고, 같은 무리와 함께할 때에는 다투지 않는다. 윗자리에 있으면서 교만하면 (지위를) 잃고, 아랫사람이 되어서 질서를 어지럽히면 형벌을 받고, 같은 무리와 함께하며 다투면 (무기로) 죽임을 당한다. 이 세 가지를 없애지 아니하면 비록 세 종류의 희생으로 봉양한다 해도 오히려 불효가 된다.”

- 在醜不爭(재추부쟁) : ‘추(醜)’는 ‘같은 무리’, ‘동류’. 『공전』에서는 ‘추(醜)’를 ‘군류(群類)’라 했고, 『정주』에서는 “친구들이 분쟁을 좋아하면”(朋友中好爲忿爭者)라고 해서 ‘붕우’로 해석하였다. 『예기』 「곡례상」 편에는 ‘在醜夷不爭’이라 했다. 내용과 뜻은 같다.
- 亡(망) : 실(失). 지위를 잃다.
- 兵(병) : ‘무기’, ‘군사’이나 여기서는 타동사로 ‘무기로 죽임을 당하다.’
- 此三者(차삼자) : 거만(驕) · 혼란(亂) · 분쟁(爭). 『금문효경』엔 ‘차(此)’가 없다.
- 三牲之養(삼생지양) : 삼생은 소 · 양 · 돼지고기. 이로부터 삼생은 미식(美食), 성찬(盛饌)을 의미.
- 猶(유) : 오히려. 『금문효경』에는 ‘유(猶)’로 되어 있다.

오형장 五刑章

앞 장에서 거만[驕] · 혼란[亂] · 분쟁[爭]을 말했고, 여기서는 불효자가 받는 형벌을 말하고 있다. 오형에는 묵형(墨刑), 의형(劓刑), 비형(剕刑), 궁형(宮刑), 대벽(大辟)이 있다. 묵형은 이마나 팔뚝에 먹줄로 죄명을 표시하는 형벌이고, 의형은 코를 베는 형벌이고, 비형은 발뒤꿈치를 자르는 형벌이고, 궁형은 생식기를 자르는 형벌이고, 대벽은 목을 베는 형벌이다. 이런 다섯 가지 형벌의 종류가 3천이나 되지만 가장 큰 형벌은 불효에 대한 형벌이라는 것이다. 『금문효경』에서는 11장에 해당한다.

子曰，"五刑之屬三千，
zǐ yuē wǔ xíng zhī shǔ sān qiān

而辜莫大於不孝．要君者亡上，
ér gū mò dà yú bú xiào yāo jūn zhě wú shàng

非聖人者亡法，非孝者亡親，
fēi shèng rén zhě wú fǎ fēi xiào zhě wú qīn

此大亂之道也。"
cǐ dà luàn zhī dào yě

공자가 말했다.
"다섯 가지 형벌에 속하는 것이 모두 3천 가지 이지만, 그 중에 불효보다 큰 죄는 없다. 군주를 강요하는 것은 윗전(군주)을 무시하는 것이고, 성인을 비난하는 것은 예법을 무시하는 것이고, 효를 비난하는 것은 부모를 무시하는 것이다. 이것이 모두 큰 혼란의 원인이 되는 것들이다."

• 五刑之屬三千(오형지속삼천) : 시대마다 형벌의 종류는 다르지만, 보통 피부에 죄인임을 표시하는 묵형(墨刑), 코를 베는 의형(劓刑), 발뒤꿈치를 자르는 비형(剕刑), 거세하는 궁형(宮刑), 목을 베는 대벽(大辟)을 오형이라 하였다. 『예기』「왕제」편에서는 "대개 오형을 제정할 때에는 반드시 하늘의 뜻에 따라 논의하였다. 형벌을 줄 때에는 사실에 따라 판단하였다. 무릇 오형의 소송을 재판할 때에는 그 범죄가 부자간의 친애에 의한 것인지 군신간의 의리에 의한 것인지를 헤아려야 한다. 재판관은 일의 경중을 밝혀 그 뜻이 깊고 얕음을 신중하게 살피고 이로써 구분한다. 총명을 다하고 진실과 사랑을 미루어 이로써 그 도리를 다한다. 의문 나는 죄를 재판할 때에는 널리 여러 사람과 논의하고, 여러 사람이 (죄를) 의심하면 그를 사면한다. 이 때에도 반드시 죄가 크든 작든 비교해 보고 이로써 판단하고, 판결이 끝나면 사관(史官)은 재판결과를 바르게 보고하고, 정관(正

官)은 이를 심사한다. 정관은 재판결과를 대사구(大司寇)에게 보고하고, 대사구는 판결문을 왕궁의 극목(棘木) 밑에서 심사한다. 대사구가 판결이 끝났음을 왕에게 보고하면, 왕은 삼공(三公)에게 명하여 심사토록 한다. 삼공이 재판결과를 왕에게 보고하면 왕은 세 번 용서한 뒤에야 형벌을 결정한다. 무릇 죄가 가벼워도 사면할 수 없다. 형벌이란 형(侀)이다. 형이란 이루는 것이다. 한번 정해서 이루면 바꿀 수 없다. 그래서 군자는 마음을 다하는 것이다."(凡制五刑, 必卽天論. 郵罰麗於事. 凡聽五刑之訟, 必原父子之親立君臣之義以權之. 意論輕重之序愼測淺深之量以別之. 悉其聰明致其忠愛以盡之. 疑獄, 與衆共之; 衆疑, 赦之. 必察小大之比以成之. 成獄辭, 史以獄成告於正, 正聽之. 正以獄成告于大司寇, 大司寇聽之棘木之下. 大司寇以獄之成告於王, 王命三公參聽之. 三公以獄之成告於王, 王三宥然後制刑, 凡作刑罰. 輕無赦. 刑者侀也, 侀者成也, 一成而不可變, 故君子盡心焉.)고 하였다. 『서경』「주서」편에서는 "묵형에 속하는 것이 천, 의형에 속하는 것이 천, 비형에 속하는 것이 오백, 궁형에 속하는 것이 삼백, 대벽에 속하는 것이 이백, 오형에 속하는 것이 삼천"(墨罰之屬千, 劓罰之屬千, 剕罰之屬五百, 宮罰之屬三百, 大辟之罰其屬二百, 五刑之屬三千.)이라 하였다.

- 而辜莫大於不孝(이고막대어불효) : '고(辜)'는 '죄(罪)'의 옛글자. 『금문효경』에는 '죄(罪)'로 되어 있다. 『맹자』「이루하」편에 "세상에는 이른바 불효의 종류로 다섯 가지가 있다. 사지를 게을리 하여 부모님 봉양을 돌보지 않는 것이 첫 번째 불효이고, 바둑과 장기를 두면서 술마시기를 좋아하여 부모님 봉양을 돌보지 않는 것이 두 번째 불효이고, 재물을 너무 좋아하고 처자식에 매어 있으면서 부모님 봉양을 돌보지 않는 것이 세 번째 불효이고, 이목의 좋아하는 것을

좇으며 부모님을 욕되게 함이 네 번째 불효이고, 싸우기를 좋아하여 부모님을 위태롭게 하는 것이 다섯 번째 불효이다."(世俗所謂不孝者五. 惰其四支, 不顧父母之養, 一不孝也; 博弈好飮酒, 不顧父母之養, 二不孝也; 好貨財, 私妻子, 不顧父母之養, 三不孝也; 從耳目之欲, 以爲父母戮, 四不孝也; 好勇鬪很, 以危父母, 五不孝也.)고 하였다.

- 要君(요군) : '요(要)'는 강요하다, 협박하다. 군주를 협박하여 자신을 따르도록 강요하는 것. 비슷한 용례가 『논어』「헌문」편에 있다. "장문중이 방읍을 가지고 노나라에 후계자를 세워줄 것을 요구하였으니, 비록 군주를 협박하지는 않았다고 말하나, 나는 믿지 않는다."(臧武仲以防求爲後於魯, 雖曰不要君, 吾不信也.)
- 亡上(무상) : 위(군주)를 무시하다. '무(亡)'는 업신여기다, 경멸하다. 『금문효경』에는 '무(亡)'가 '무(無)'로 되어 있다.
- 非聖人(비성인) : '비(非)'는 비난하다.
- 亡法(무법) : (성인이 제정한) 예법(禮法)을 무시하다. 『금문효경』에는 '무(亡)'가 '무(無)'로 되어 있다.
- 非孝(비효) : 효도를 비난함.
- 亡親(무친) : 부모님을 무시하다. 『금문효경』에는 '무(亡)'가 '무(無)'로 되어 있다.
- 此大亂(차대란)~~ : 대명사 '차(此)'는 무상(亡上), 무법(亡法), 무친(亡親)을 가리킨다.

15 효도의 요체

광요도장 廣要道章

광(廣)은 천발(闡發), 곧 드러내어 밝히는 것이고, 요도(要道)는 가장 중요한 도덕이다. 첫 장 「개종명의장」에서 요도(要道)를 말하고 있으나 상세하지 않았다. 이에 이 장에서 다시 언급한 것이다. 주로 지도자의 입장에서 말한 내용이다. 『금문효경』에서는 12장에 해당한다.

子曰，"敎民親愛，莫善於孝.
zǐ yuē jiào mín qīn ài mò shàn yú xiào

敎民禮順，莫善於弟.
jiào mín lǐ shùn mò shàn yú dì

移風易俗，莫善於樂.
yí fēng yì sú mò shàn yú yuè

安民治民，莫善於禮."
ān mín zhì mín mò shàn yú lǐ

공자가 말했다.

"백성들을 서로 친애하도록 하는 데에는 효보다 좋은 게 없으며, 백성들을 예에 순응하게 하는 데에는 공경함보다 좋은 게 없으며, 백성들의 기풍과 습속을 고치고 바꾸는 데에는 음악보다 좋은 게 없으며, 백성을 평안히 하고 백성들을 잘 다스리는 데에는 예보다 좋은 것이 없다."

- 教民親愛(교민친애) : 백성들로 하여금 친애하도록 함. '교(敎)'는 '하여금'의 뜻. 『논어』「안연」편에서는 계강자(季康子)가 정사의 방법을 물으며 "만일 무도한 자를 죽여서 도가 있는 곳으로 나아가면 어떠합니까?"(如殺無道, 以就有道, 何如?)고 하자, 공자가 "그대는 정사를 하는데 어찌 살인이란 방법을 쓰는가? 그대가 선하고자 하면 백성들도 선해지는 것이니, 군자의 덕은 바람이요, 소인의 덕은 풀이다. 풀에 바람이 불면 풀은 반드시 쓰러진다."(子爲政, 焉用殺? 子欲善, 而民善矣. 君子之德風, 小人之德草. 草上之風, 必偃.)고 하며 덕과 선의 솔선수범을 말했고, 『논어』「위정」편에서는 공자에게 어떤 사람이 왜 정치를 하지 않느냐고 질문하자 "『서경』에서 효도에 대해 '오로지 효도하며 형제간에 우애하여 정치에 베푼다.'고 하였다. 이것 역시도 정치하는 것이니 어찌 정치하는 것만을 정치라 하겠는가!"(書云孝乎. '惟孝, 友于兄弟, 施於有政. 是亦爲政', 奚其爲爲政.)라고 답하며, 효제도 정치의 일부라고 말했다.
- 教民禮順(교민례순) : 백성들로 하여금 질서와 법칙에 순응하도록 함. '교(敎)'는 '하여금'이란 뜻이고, '예(禮)'란 질서와 법칙이다. 『순자』「예론」편에 "예에는 세 가지 근본이 있으니, 천지는 생명의 근본이고, 선조는 종족의 근본이고, 군주와 스승은 다스림의 근본이다.

천지가 없으면 어찌 태어날 수 있겠고, 선조가 없으면 어찌 출생할 수 있겠으며, 군주와 스승이 없으면 어찌 다스려질 수 있겠는가? 세 가지 가운데 하나라도 없으면 편안한 사람이 없게 된다. 따라서 예는 위로 하늘을 섬기고 아래로 땅을 섬기며, 선조를 높이고 군주와 스승을 융성하게 하는 것이니, 이것이 예의 세 가지 근본이다."(禮有三本, 天地者, 生之本也, 先祖者, 類之本也, 君師者, 治之本也. 無天地, 惡生? 無先祖, 惡出? 無君師, 惡治? 三者偏亡, 焉無安人. 故禮, 上事天, 下事地, 尊先祖而隆君師, 是禮之三本也.)라고 하였다.

- 莫善於弟(막선어제) : 『금문효경』에는 '제(弟)'가 '제(悌)'로 되어 있다. 공경의 뜻이다.
- 移風易俗(이풍역속) : 기풍(氣風)과 습속(習俗)을 바꾸다. 『예기』「악기」편에서는 "그러므로 선왕이 예악을 제정한 것은 구복이목(口腹耳目)의 욕심을 다하게 하지 않고, 장차 백성으로 하여금 호오(好惡)를 공평하게 하도록 가르쳐, 인도(人道)의 바른 데로 돌아가게 하려는 것이다."(是故先王之制禮樂也, 非以極口腹耳目之欲也, 將以教民平好惡而反人道之正也.)고 하였다.
- 樂(악) : 음악. 『예기』「악기」편에는 "음악은 성인이 즐거워하는 것이다. 그것으로 민심을 선하게 할 수 있고, 사람을 깊이 감동시키고 기풍과 풍속을 바꾼다. 그래서 선왕은 음악교육을 널리 드러낸 것이다."(樂也者, 聖人之所樂也. 而可以善民心, 其感人深, 其移風易俗, 故先王著其教焉.)고 하였고, 또한 "그러므로 음악이 행해져서 인륜이 맑아지고 이목이 총명해지고 혈기가 화평하고 기풍과 습속이 바뀌어 천하가 모두 평안하게 되었다."(故樂行而倫淸, 耳目聰明, 血氣和平, 移風易俗, 天下皆寧.)고 하였다. 구체적으로 『논어』「양화」편에서는 "공자가 무성으로 갔을 때, 현악소리를 듣고는

미소를 지으며, '닭 잡는데 어찌 소 잡는 칼을 쓰는가?'고 하자, 자유가 대답하기를 '옛날 선생님께서 저에게 말씀하시기를 군자는 도를 배우면 사람을 사랑하고 소인은 도를 배우면 부리기 쉽다고 하셨습니다.'라고 하자, 공자가 말하기를 '얘들아 자유의 말이 맞다. 조금 전 내 말은 농담일 뿐이다.'"(子之武城, 聞弦歌之聲. 夫子莞爾而笑, 曰, '割雞焉用牛刀?' 子游對曰, '昔者偃也聞諸夫子曰, 君子學道則愛人, 小人學道則易使也.' 子曰, '二三子! 偃之言是也. 前言戲之耳.')고 하며, 음악으로 백성을 교화하는 것과 이를 보고 공자가 미소 지었던 장면이 나온다.

- 安民治民(안민치민) : 백성을 편안하게 하고 백성을 다스리는 것. 『예기』「경해」편에서는 "그러므로 예로써 종묘를 받들 때에는 공경하고, 조정에 들어가서는 귀천의 신분이 절로 있어 안정되고, 집안에서는 부모와 자녀가 친하고 형제가 화목하며, 동네에서는 어른과 젊은이 사이에 질서가 있어 평안하다. 공자가 말하기를 '위로 임금을 평안하게 하고 백성을 다스리는 데에는 예보다 좋은 것이 없다'고 하였는데, 이것을 가리킨다."(故以奉宗廟則敬, 以入朝廷則貴賤有位, 以處室家則父子親兄弟和, 以處鄉里則長幼有序. 孔子曰, '安上治民, 莫善於禮.' 此之謂也.)고 하였다. 『금문효경』에는 '안민(安民)'이 "위(군주)를 평안히 한다."는 뜻의 '안상(安上)'으로 되어 있다.

"禮者, 敬而已矣.
lǐ zhě, jìng ér yǐ yǐ

故敬其父則子說,
gù jìng qí fù zé zǐ yuè

敬其兄則弟說，敬其君則臣說.
jìng qí xiōng zé dì yuè jìng qí jūn zé chén yuè

敬一人，而千萬人說.
jìng yì rén ér qiān wàn rén yuè

所敬者寡，而說者衆，
suǒ jìng zhě guǎ ér yuè zhě zhòng

此之謂要道也."
cǐ zhī wèi yào dào yě

"예란 경일 따름이다. 그러므로 (위에서) 그 아버지를 공경하면 아들이 기뻐하며 기꺼이 따르고, 그 형을 공경하면 동생이 기뻐하며 기꺼이 따르고, 그 군주를 존경하면 신하가 기뻐하며 기꺼이 따른다. 한 사람을 공경함에 여러 사람들이 기뻐하며 기꺼이 따르는 것이다. 공경하는 사람은 적지만 기뻐하며 기꺼이 따르는 사람은 많으니 이것이 중요한 도(道)인 것이다."

- 禮(예) : 예, 예절. 『공전』에 "예는 경(敬)을 주로 하며, 경은 효제에서 나온다."(禮主於敬, 敬出於孝弟.)고 하였고, 『어주』에서는 "경이란 예의 근본이다."(敬者, 禮之本也.)고 하였다. 『맹자』「고자상」편에서는 "공경하는 마음이 예다."(恭敬之心, 禮也.)고 하였다.
- 敬其父則子說(경기부즉자열)~ : 『금문효경』에는 이 문단의 '열(說)'자가 모두 '열(悅)'로 되어 있다. 기뻐하다, 기꺼이 따르다, 기뻐하며 복종하다.
- 所敬者寡(소경자과), 而說者衆(이열자중) : '과(寡)'는 한 사람(一人), '중(衆)'은 천만인(千萬人). 『금문효경』에는 '열(說)'이 '열(悅)'

로 되어 있다.

- 此之謂要道也(차지위요도야) : '요도(要道)'는 중요한 도, 요체가 되는 도, 즉 효도이다.

광지덕장 廣至德章

앞 장에서 요도(要道)를 말하고 여기서는 지덕(至德)을 말하였다. 이것은 모두 「개종명의장」의 뜻을 넓혀 효가 천하에 가장 귀중한 것임을 구체적으로 서술한 것이다. 특히 최고 지도자의 가장 좋은 교화가 효제임을 말하고 있다. 『금문효경』에서는 13장에 해당한다.

子曰, "君子之教以孝也,
zǐ yuē jūn zǐ zhī jiāo yǐ xiào yě

非家至而日見之也. 教以孝,
fēi jiā zhì ér rì jiàn zhī yě jiāo yǐ xiào

所以敬天下之爲人父者.
suǒ yǐ jìng tiān xià zhī wéi rén fù zhě

教以弟, 所以敬天下之爲人
jiāo yǐ dì suǒ yǐ jìng tiān xià zhī wéi rén

兄者．敎以臣，
xiōng zhě jiāo yǐ chén

所以敬天下之爲人君者也．”
suǒ yǐ jìng tiān xià zhī wéi rén jūn zhě yě

詩云，“愷悌君子，民之父母．
shī yún kǎi tì jūn zǐ mín zhī fù mǔ

非至德，其孰能訓民，
fēi zhì dé qí shú néng xùn mín

如此其大者乎．”
rú cǐ qí dà zhě hū

공자가 말했다.

“군자가 효로써 교육한 것은 집집마다 이르러 날마다 그들을 만나서 가르친 것이 아니다. 효로써 교육한 것은 세상의 아버지 되는 사람을 공경한 것이다. 공경함으로 교육한 것은 세상의 형 된 자를 공경한 것이다. 신하의 도리로써 교육한 것은 세상의 군주된 자를 공경한 것이다.”

『시경』에 말했다.

“백성을 즐겁고 편안하게 하는 군자는 백성의 부모이니, 지극한 덕이 아니면 누가 능히 백성을 가르쳐 따르게 할 수 있음이 이처럼 크겠는가!”

- 君子之敎以孝也(군자지교이효야) : 『공전』에 “군자란 또한 선왕(先王)을 말한다.”고 하였다. 천자(天子)를 가리킨다.
- 非家至而日見之也(비가지이일견지야) : ‘가(家)’는 ‘가가(家家)’.

'일(日)'은 '일일(日日)'. "집집마다 이르러 매일같이 만나보며 가르친 것이 아니다." 『예기』「향음주의」편에 "백성들이 어른을 존경하고 노인을 봉양한 이후에 부모에 효도하고 형에게 공경한다. 백성들이 가정에서 효도하고 공경하고 나가서 어른을 존경하고 노인을 봉양한 이후에 교육이 완성된다. 교육이 완성된 이후에 나라가 평안해진다. 군주의 이른 바 효라고 하는 것은 집집마다 이르러 날마다 가르치는 것을 말하지 않는다."(民知尊長養老, 而後乃能入孝弟. 民入孝弟, 出尊長養老, 而後成教. 成教而後國可安也. 君子之所謂孝者, 非家至而日見之也.)라고 하였다.

- 所以敬天下之爲人父者(소이경천하지위인부자) : 『금문효경』에는 '자(者)' 뒤에 종조사 '야(也)'가 있다. 『예기』「왕제」편에 "50세 이상은 향교에서 양로(養老)의 예를 행하고, 60세 이상의 노인은 국도(國都)의 소학(小學)에서 양로의 예를 행하고, 70세 이상의 노인은 대학에서 양로의 예를 행한다. 이것은 (천자로부터) 제후에 이르기까지 공통된 것이다."(五十養於鄕, 六十養於國, 七十養於學, 達於諸侯.)고 하였다.
- 教以弟(교이제) : 『금문효경』에는 '제(弟)'가 '제(悌)'로 되어 있다.
- 所以敬天下之爲人兄者(소이경천하지위인형자) : 『금문효경』에는 '자(者)' 뒤에 종조사 '야(也)'가 있다.
- 所以敬天下之爲人君者(소이경천하지위인군자) : 『금문효경』에는 '자(者)' 뒤에 종조사 '야(也)'가 있다.
- 詩云(시운) : 『시경』「대아 · 형작」의 내용이다.
- 愷悌君子(개제군자), 民之父母(민지부모) : '개(愷)'는 '락(樂)'. '제(悌)'는 '이(易)', 곧 '안이(安易)'. 그러므로 이 문장은 "(백성을) 즐겁고 평안하게 하는 군자는, …"이다. 『예기』「표기」편에 "공자가

이렇게 말했다. '군자가 말한 인이란 행하기 어려운 것이다.' 『시경』에 이르기를 '백성들을 즐겁고 평안하게 하는 군자는 백성의 부모이다'고 하였다. 개(凱)는 그들을 교육해서 즐겁게 하는 것이고, 제(弟)는 그들을 기쁘고 평안히 하는 것이다. 즐거워도 거칠어지지 않고 예가 있어도 친애하며, 위엄이 있어도 편안하고 효성스럽고 자애하여도 공경한다. 이렇게 하여야 백성들로 하여금 아버지의 존엄이 있고 어머니의 친애함이 있다. 이같이 한 이후에야 백성의 부모가 된다. 지극한 덕을 갖추지 않으면 누가 이처럼 하겠는가!"(子言之, 君子之所謂仁者其難乎! 詩云, 凱弟君子, 民之父母. 凱以强教之. 弟以說安之. 樂而毋荒, 有禮而親, 威莊而安, 孝慈而敬. 使民有父之尊, 有母之親. 如此而后可以爲民父母矣. 非至德其孰能如此乎.)라고 하였다.

- 其孰能訓民(기숙능훈민) : 『금문효경』에는 '훈(訓)'이 '순(順)'으로 되어 있다.

응감장 應感章

응감(應感)이란 신인감응(神人感應), 천인감응(天人感應)을 말한다. 지성(至誠)이면 감천(感天)이듯, 효제가 지극하면 신통(神通)한다는 뜻이다. 수신(修身)하고 행실을 삼가면 반드시 응감(應感)한다는 것이다. 『금문효경』에서는 16장으로 「간쟁장」 다음에 나온다.

子曰，"昔者明王，事父孝，
zǐ yuē xī zhě míng wáng shì fù xiào

故事天明．事母孝，故事地察.
gù shì tiān míng shì mǔ xiào gù shì dì chá

長幼順，故上下治．天地明察,
zhǎng yòu shùn gù shàng xià zhì tiān dì míng chá

鬼神章矣．
guǐ shén zhāng yǐ

故雖天子　必有尊也，
gù suī tiān zǐ　bì yǒu zūn yě

言有父也．必有先也，
yán yǒu fù yě　bì yǒu xiān yě

言有兄也．必有長也．”
yán yǒu xīong yě　bì yǒu zhǎng yě

공자가 말했다.

“옛날에 명철한 왕은 아버지를 섬김에 효를 다했다. 그러므로 하늘을 섬기는 것도 분명하였다. 어머니를 섬김에 효를 다했다. 그러므로 땅을 섬김에도 밝게 하였다. 어른과 어린이의 질서를 잘 지켰다. 그러므로 상하가 잘 다스려졌다. 하늘과 땅이 밝고 밝으면 귀신이 감응하여 잘 드러났다. 그렇기 때문에 비록 천자라 하더라도 반드시 존경함이 있으니 말하자면 아버지가 있으며, 반드시 앞선 사람이 있으니 말하자면 형이 있다. 반드시 어른이 있다.”

- 事父孝(사부효), 故事天明(고사천명) : 아버지를 섬김에 효로써 하였기 때문에 하늘을 섬기는 것도 분명하였다. ‘부(父)’는 ‘천(天)’에 ‘모(母)’는 ‘지(地)’에 비교하였다. 『주역』「설괘전」에 “건은 하늘이고 그래서 아버지를 말하고, 곤은 땅이고 그래서 어머니를 말한다.”(乾, 天也, 故稱乎父, 坤, 地也, 故稱乎母.)고 하였다.
- 事地察(사지찰) : ‘찰(察)’은 ‘명(明)’이다.
- 鬼神章(귀신장) : 『금문효경』에는 ‘신명창(神明彰)’으로 되어 있다. 귀신은 죽은 사람의 영혼이며 여기서는 선조의 신령이다. ‘장(章)’은 ‘나타나다.’

• 必有長也(필유장야) : 『금문효경』에는 이 네 글자가 없다. 앞문장과 비교해 본다면 이어지는 다음 문장이 있어야 어울리지만 이 문장은 이것으로 맺고 있어 어색하다.

"宗廟致敬，不忘親也．
zōng miào zhì jìng bú wàng qīn yě

修身慎行，恐辱先也．
xiū shēn shèn xíng kǒng rǔ xiān yě

宗廟致敬，鬼神著矣．
zōng miào zhì jìng guǐ shén zhù yǐ

孝弟之至，通於神明，
xiào dì zhī zhì tōng yú shén míng

光於四海，亡所不暨．"
guāng yú sì hǎi wú suǒ bù jì

詩云，"自東自西，自南自北，
shī yún zì dōng zì xī zì nán zì běi

亡思不服．"
wú sī bù fú

"종묘에 공경을 다함은 부모를 잊지 않는 것이고, 몸을 닦고 행동을 신중히 하는 것은 선조를 욕되게 하지 않을까 두려워함이다. 종묘에 공경함은 귀신이 나타나 감응함이다. 효제의 지극함은 신명에 통하고 사해에 빛으로 온통 드러나 통하지 않은 바가 없다." 『시경』에 이르기를 "동쪽에서 서쪽에서 남쪽에서 북쪽에서 사모하여 복종하지 않는 자가 없다."고 하였다.

- 종묘(宗廟) : 천자 · 제후 · 경대부 등 그들 선조의 위패를 모신 사당이다. 구체적으로 '종(宗)'은 선조의 '영(靈)'을 제사지내는 사당이다. '묘(廟)'는『예기』「제법」편에 "묘(廟)란 모(貌)이다. 종묘란 선조의 존귀한 모습이다."(廟之言貌也. 宗廟者先祖之尊貌也.)라고 했다. 따라서 '묘(廟)'가 사당의 뜻이 된 것은 후의 일이다. 「제의」편에서는 "나라의 신위(神位)를 세울 때 오른 쪽에 사직을 왼쪽에 종묘를 둔다."(建國之神位, 右社稷, 而左宗廟.)고 해서 사직보다 종묘를 상위에 두었다. 그리고 종묘에 제사하지 않음을 불효로 간주하였고 관직에도 영향을 주었다. 「왕제」편에 "종묘에 불순한 자는 불효이다. 불효자는 관작을 낮춘다."(宗廟有不順者爲不孝, 不孝者, 君絀以爵.)라고 한데서 알 수 있다.
- 恐辱先也(공욕선야) : 선조를 욕되게 할까 두려워한다.
- 孝弟之至(효제지지) :『금문효경』에는 '제(弟)'가 '제(悌)'로 되어 있다.
- 光於四海(광어사해) : '광(光)'은 빛이 널리 먼 곳까지 비추는 것이다. 사해는 온 천하, 온 세상.『예기』「제의」편에 "대저 효란 이것을 세우면 하늘과 땅 사이에 가득차고, 이것을 벌리면 사해에 퍼지며, 이것을 후세에 베풀면 아침저녁으로 항상 쓰이지 않는 일이 없으며, 이것을 동해에 미치게 하거나 서해에 미치게 하거나 남해에 미치게 하거나 북해에 미치게 하거나 어느 곳에서든지 정도로 따르게 될 것이다.『시경』에 '서쪽으로부터도 동쪽으로부터도 남쪽으로부터도 북쪽으로부터도 사모하여 따르지 않음이 없다.'고 한 것은 이것을 이르는 것이다."(夫孝, 置之而塞乎天地, 溥之而橫乎四海, 施諸後世而無朝夕, 推而放諸東海而准, 推而放諸西海而准, 推而放諸南海而准, 推而放諸北海而准. 詩云, '自西自東, 自南自北, 無思不服.' 此之謂也.)고 하였다.

- 亡所不曁(무소불기) : 『금문효경』에는 '무(亡)'가 '무(無)'로 되어 있다. 그리고 미치다, 이르다는 뜻의 '기(曁)'는 '통(通)'으로 되어 있다.
- 詩云(시운) : 『시경』「대아 · 문왕유성」에 있다.
- 自東自西(자동자서) : 『금문효경』에서는 '자서자동(自西自東)'으로 되어 있다.
- 亡思不服(무사불복) : 『금문효경』에는 '무(亡)'가 '무(無)'로 되어 있다. "(군주를) 사모하여 복종하지 않는 자가 없다."

18 효의 확장

광양명장 廣揚名章

이 장은 맨 앞장의 「개종명의장」에 나와 있는 "身體髮膚, 受之父母, 不敢毁傷, 孝之始也. 立身行道, 揚名於後世, 以顯父母, 孝之終也."라는 말의 '양명(揚名)'을 설명한 내용이다. 이 장에서는 사(士) · 경대부(卿大夫)가 가정에서 효(孝) · 제(弟) · 리(理)의 덕을 실천하면 나아가서는 충(忠) · 순(順) · 치(治)가 된다고 하였고, 그것으로 '양명(揚名)'할 수 있다고 하였다. 『금문효경』에서는 14장으로 「광지덕장」 다음에 있다.

子曰, "君子事親孝.
zǐ yuē jūn zǐ shì qīn xiào

故忠可移於君. 事兄弟,
gù zhōng kě yí yú jūn shì xiōng dì

故順可移於長.
gù shùn kě yí yú zhǎng

居家理，故治可移於官.
jū jiā lǐ gù zhì kě yí yú guān

是以行成於內，而名立後世矣"
shì yǐ xíng chéng yú nèi ér míng lì hòu shì yǐ

공자가 말했다.

"군자는 부모를 섬김에 효를 다한다. 그러므로 그것을 군주에게 옮겨서 충성한다. 형을 섬김에 공경을 다한다. 그러므로 그것을 어른에게 옮겨서 순종한다. 집안에서 잘 다스리기 때문에 관직에 옮아가서도 잘 다스린다. 이로써 안에서 잘 이루어져 이름이 후세에 세워진다."

- 君子事親孝(군자사친효) : 군자는 부모를 섬김에 효로써 한다. 『금문효경』에는 '君子之事親孝'로 되어 있다. 효를 군주에게 옮겨 충이라 한 것이다. 『예기』「제통」편에 "충신은 그 임금을 섬기고, 효자는 어버이를 섬기는데 그 근본은 하나다."(忠臣以事其君, 孝子以事其親, 其本一也.)고 하였다.
- 事兄弟(사형제) : 『금문효경』에는 '제(弟)'가 '제(悌)'로 되어 있다. 『논어』「위정」편에 "『서경』에서 효도에 대해 '오로지 효도하며 형제간에 우애하여 정치에 베푼다.'고 하였다. 이것 역시도 정치하는 것이니 어찌 정치하는 것만을 정치라 하겠는가!"(書云孝乎. '惟孝, 友于兄弟, 施於有政. 是亦爲政', 奚其爲爲政?)고 하였다.
- 居家理(거가리) : '리(理)'는 '치(治)', 곧 제가(齊家)다. 『대학』에

"옛날 천하에 명덕을 밝히고자 하는 자는 먼저 그 나라를 다스리고, 그 나라를 다스리고자 하는 자는 먼저 그 집안을 다스리고, 그 집안을 다스리고자 하는 자는 먼저 자신의 몸을 수양하였다."(古之欲明明德於天下者, 先治其國, 欲治其國者, 先齊其家, 欲齊其家者, 先脩其身.)고 하였고, 『맹자』「이루상」편에서는 "사람들이 항상 말하기를 천하 · 국 · 가라고 한다. 천하의 근본은 나라에 있고, 나라의 근본은 집에 있고, 집의 근본은 몸에 있는 것이다."(人有恆言, 皆曰, '天下國家'. 天下之本在國, 國之本在家, 家之本在身.)고 하였다.

• 是以行成於內(시이행성어내) : '행(行)'은 효제실천을 말하고, '내(內)'는 '가내(家內)', '가정'이다.

• 而名立後世矣(이명립후세의) : 이름이 후세에 세워진다. 『논어』「위령공」편에 "군자는 종신토록 이름이 알려지지 않는 것을 싫어한다."(君子疾沒世而名不稱焉.)고 하였다. 『금문효경』에는 '而名立於後世矣'로 되어 있다.

19 가정생활

규문장 閨門章

『금문효경』에는 이 장이 없다. 이것이 『금문효경』과 『고문효경』의 가장 큰 차이점이다. 규문은 집안으로 군주의 사적공간이다. 여기서는 사생활이 이뤄지는 곳에서의 예의범절을 다루고 있다.

子曰，“閨門之內，具禮矣乎．
zǐ yuē guī mén zhī nèi jù lǐ yǐ hū

嚴父嚴兄，妻子臣妾，
yán fù yán xiōng qī zǐ chén qiè

繇百姓徒役也．”
yóu bǎi xìng tú yì yě

공자가 말했다.

“집안에서도 예를 갖추어야 한다. 아버지와 형이 있으면 처자와 신첩은 백성이나 도역(徒役)과 같다."

- 閨門(규문) : 부인의 방. 부녀자가 거처하는 방. 나아가 집안, 가정, 일가(一家).
- 嚴父嚴兄(엄부엄형) : '엄(嚴)'은 단순한 경칭.
- 臣妾(신첩) : '신(臣)'은 남자종, '첩(妾)'은 여자 종. 하인과 하녀. 『공전』에서는 "신은 가신(家臣)으로 종이다."(臣謂家臣僕也.)고 하였다.
- 繇百姓徒役(요백성도역) : '요(繇)'는 '유(由)' 혹은 '유(猶)', '여(如)'. '도역(徒役)'은 부역에 징발된 사람. "(처자와 노비는) 백성과 도역과 같다."

간쟁장 諫爭章

『금문효경』에서는 '간쟁(諫爭)'을 '간쟁(諫諍)'이라 했다. 간쟁이란 군주나 윗사람에게 잘못이 있으면 이를 직언하여 바로잡는 것을 말한다. 간쟁에도 종류가 있다. 말을 은밀하면서도 부드럽게 하는 기간(幾諫), 도리를 다하며 극진히 하는 숙간(熟諫), 직언하는 직간(直諫), 강건하게 말하는 강간(强諫)이 그것이다. 『금문효경』에서는 15장으로 「광양명장」 다음에 있다.

曾子曰，"若夫慈愛·龔敬·安親·揚名，參聞命矣．敢問，子從父之命，可謂孝乎．"

Zēng zǐ yuē ruò fú cí āi gōng jìng ān qīn yáng míng shēu wén mìng yǐ gǎn wèn zǐ cóng fù zhī mìng kě wèi xiào hū

증자가 질문했다.

"또한 자애하고 공경하는 것과 부모님을 편안히 해드리면서 이름을 후세에 떨치는 것에 대해서는 (그것이 효라는 것을) 제가 들었습니다. 감히 질문합니다. 자식이 부모의 명령을 따르기만 하면 효라고 할 수 있습니까?"

- 若夫(약부) : 발어사. 이야기를 계속 이어갈 때 쓰는 표현.
- 慈愛(자애) · 龔敬(공경) : '공경(龔敬)'은 '공경(恭敬)'. '공(龔)'은 '공(恭)'과 통용. 『금문효경』에는 '공(龔)'이 '공(恭)'으로 되어 있다. 『공전』에서는 "자애는 아랫사람에게 하는 것이고, 공경은 윗사람을 섬기는 것이다."(慈愛者, 所以接下也. 恭敬者, 所以事上也.)고 하였다.
- 安親(안친) · 揚名(양명) : 『공전』에 "안친 · 양명은 효자의 행동이다."(安親揚名者, 孝子之行也.)라고 하였다.
- 參聞命矣(삼문명의) : '삼(參)'은 증삼. 『금문효경』에는 '삼(參)'이 '칙(則)'으로 되어 있다. '문(聞)'은 가르침을 받다. '명(命)'은 가르침, 명령.
- 子從父之命(자종부지명) : 『금문효경』에는 '명(命)'이 '령(令)'으로 되어 있다.

子曰, "參, 是何言與, 是何言與. 言之不通邪."

zǐ yuē Shēn shì hé yán yú shì hé yán yú yán zhī bù tōng yé

공자가 말했다.
"삼아, 어찌 그렇게 말할 수 있겠느냐? 어찌 그렇게 말할 수 있겠느냐? 도무지 말이 통하지 않는구나!"

- 參(삼) : 『금문효경』에는 이 글자가 없다.
- 言之不通邪(언지불통야) : 『금문효경』에는 이 문장이 없다. '언지불통(言之不通)'은 "말이 통하지 않는다."

"昔者，天子有爭臣七人，
xī zhě tiān zǐ yǒu zhèng chén qī rén

雖亡道，不失天下．諸侯有爭
suī wú dào bù shī tiān xià zhū hóu yǒu zhèng

臣五人，雖亡道，不失其國．
chén wǔ rén suī wú dào bù shī qī guó

大夫有爭臣三人，雖亡道，
dà fū yǒu zhèng chén sān rén suī wú dào

不失其家．士有爭友，
bù shī qí jiā shì yǒu zhèng yǒu

則身不離於令名．
zé shēn bù lí yú lìng míng

父有爭子，則身不陷於不誼．"
fù yǒu zhèng zǐ zé shēn bú xiàn yú bú yì

> "옛날에 천자에게 간쟁하는 신하 일곱이 있으면 비록 도가 없어도 그 천하를 잃지 않았고, 제후에게 간쟁하는 신하 다섯이 있으면 비록 도가 없어도 그 나라를 잃지 않았고, 대부에게 간쟁하는 신하 셋이 있으면 비록 도가 없어도 그 집안을 잃지 않았고, 선비에게 간쟁하는 친구가 있으면 몸에서 명성이 떠나지 않았고, 부모에게 간쟁하는 자식이 있으면 몸이 불의함에 빠지지 않았다."

- 天子有爭臣七人(천자유쟁신칠인) ~ : 상징적인 숫자로 천자는 7, 제후는 5, 대부는 3을 표현하였다. 『예기』「왕제」편에서 "천자는 7일째 빈장(殯葬)하고 7개월째에 장사지내고, 제후는 5일째 빈장하고 5개월째에 장사지내고, 대부 · 사 · 서인은 3일째 빈장하고 3개월째 장사지낸다."(天子七日而殯, 七月而葬. 諸侯五日而殯, 五月而葬. 大夫士庶人, 三日而殯, 三月而葬.)고 하였는데, 여기서도 7-5-3의 의미는 같다.
- 爭臣(쟁신) : 군주의 과실을 간언하는 신하.*

* 『순자』「자도」: "노나라 애공이 공자에게 질문했다. '자식이 부모의 명령에 따르는 것이 효입니까?' '신하가 군주의 명령에 따르는 것이 충절[貞]입니까?' 이렇게 세 번을 물었는데도 공자는 대답하지 않았다. 공자가 그 자리에서 물러 나와서 제자 자공에게 물었다. '아까 애공이 나에게 자식이 부모의 명령에 따르는 것이 효인가? 신하가 임금의 명령에 따르는 것이 충인가?를 세 번이나 물었는데도 내가 대답하지 않았는데, 자공 그대는 어떻게 생각하는가?' 자공이 대답했다. '자식이 부모의 명령에 따르는 것이 효이고, 신하가 군주의 명령에 따르는 것이 충절입니다. 선생님께서 또 무슨 대답을 하실 필요가 있으십니까?' 그러자 공자가 말했다. '자공은 소인이로다! 그리도 무식한가? 옛날 천자의 나라에 간언하는 신하 넷이 있으면 영토를 침범당할 염려가 없고, 제후의 나라에 간언하는 신하 셋이 있으면 사직이 위태롭지 않고, 대부의 집안에 간언하는 신하 둘이 있으면 종묘가 훼손되지 않고, 부모에게 간언하는 자녀가 있으면 무례하게 행동하지 않고, 선비에게 간언하는 친구가 있으면 불의를 행하지 않는다. 그러므로 자식이 부모에게 무조건 복종하는 것을 어찌 효라 하며, 신하가 임금에게 무조건 복종하는 것을 어찌 충이라 하겠는가? 따라야할 것을 잘 살펴서 따름이 효이고 충인 것이다."(魯哀公問於孔子曰, 子從父命, 孝乎? 臣從君命, 貞乎? 三問, 孔子不對. 孔子趨出, 以語子貢曰, 鄉者, 君問丘也, 曰, 子從父命, 孝乎? 臣從君命, 貞乎? 三問而丘不對, 賜以爲何如? 子貢曰, 子從父

- 亡道(무도) : 『금문효경』에서는 '무도(無道)'.
- 不失天下(불실천하) : 『금문효경』에는 '不失其天下.'
- 爭友(쟁우) : 충고해 주는 친구. 『논어』「안연」편에 자공(子貢)이 친구와의 사귐에 대해서 질문하자, 공자가 "충심으로 말해주고 잘 인도하되 불가능하면 그만두어 스스로 욕되지 말아야 한다."(忠告而善道之, 不可則止, 無自辱焉.)고 하였고, 또 『논어』「계씨」편에서는 "유익한 것이 세 가지 벗이요, 손해되는 것이 세 가지 벗이니, 벗이 곧으며, 벗이 성실하며, 벗이 견문이 많으면 유익하고, 벗이 편벽되고, 벗이 너무 유들유들하며, 벗이 아첨을 잘하면 손해가 된다."(益者三友, 損者三友. 友直, 友諒, 友多聞, 益矣. 友便辟, 友善柔, 友便佞, 損矣.)고 하였다. 『순자』「자도」에도 "선비에게 간언하는 친구가 있으면 불의를 행하지 않는다. …… 비록 선비가 그 몸을 들을 수 없다면 그것은 힘이 없어서가 아니라 그 형세가 불가해서 그런 것이다. 그러므로 집에 들어가 행동이 닦여지지 않는 것은 자신의 죄이지만 나가서 좋은 평판을 듣지 못함은 친구의 허물이다. 그래서 군자는 집에 들어와서는 돈독하게 행동하고 밖에 나가서는 현명한 사람을 벗으로 삼는다. 이렇게 하면 어찌 효의 명성이 없겠는가?"(士有爭友, 不爲不義. …… 雖有國士之力不能自擧其身, 非無力也, 勢不可也. 故入而行不脩, 身之罪也, 出而名不章, 友之過也. 故君子入則篤行, 出則友賢, 何爲而無孝之名也.)고 하였다.
- 令名(영명) : 좋은 이름, 명예, 명성. '영(令)'은 '선(善)'의 뜻.
- 爭子(쟁자) : 『논어』「이인」편에 "부모를 섬기되 은미하게 간해야

命, 孝矣, 臣從君命, 貞矣, 夫子有奚對焉? 孔子曰, 小人哉賜不識也, 昔萬乘之國有爭臣四人, 則封疆不削, 千乘之國有爭臣三人, 則社稷不危, 百乘之家有爭臣二人, 則宗廟不毁. 父有爭子, 不行無禮, 士有爭友, 不爲不義. 故子從父, 奚子孝? 臣從君, 奚臣貞? 審其所以從之之謂孝, 之謂貞也.)

하니, 부모의 뜻이 내 말을 따르지 않음을 보고서도 더욱 공경하고 어기지 않으며, 수고롭되 원망하지 않아야 한다."(事父母幾諫. 見志不從, 又敬不違, 勞而不怨.)고 하였고, 『예기』 「내칙」에서는 "부모에게 잘못이 있을 때에는 마음을 억누르고 웃음 띤 얼굴로 부드럽게 간한다. 만일 간함을 받아드리지 않으면 일어나서 공손히 대하고 효성을 다하여 마음이 풀려서 기뻐하면 다시 간한다. (부모가) 기뻐하지 않는다고 (간하지 않다가) 동네에서 죄를 얻는 것보다 차라리 (용기 있게) 간하는 게 낫다."(父母有過, 下氣怡色, 柔聲以諫. 諫若不入, 起敬起孝, 說則復諫. 不說, 與其得罪於鄉黨州閭, 寧孰諫.)고 하였다. 『순자』 「자도」에서도 "효자가 명령을 따르지 않는 경우가 있다. 명령을 따르면 부모가 위태롭고 명령을 따르지 않아서 부모가 편안하면 효자는 명을 따르지 않는다. 이것이 충(衷)이다. 명령을 따르면 부모가 욕되고 명령을 따르지 않아서 부모가 명예로우면 효자는 명령을 따르지 않는다. 이것이 의(義)이다. 명령을 따르면 금수가 되고 명령을 따르지 않아서 예의를 갖출 수 있다면 효자는 명령을 따르지 않는다. 이것이 경(敬)이다. 따라야 할 것과 따르지 않아야 할 대의를 밝혀서 공경과 충신을 다하고 단정하며 신중하게 행동한다면 '큰 효'라 할만하다. 전하는 말에 '도를 따르는 것이지 임금을 따르는 것이 아니며, 의를 따르는 것이지 부모를 따르는 것이 아니다.'라고 한 것이 바로 이 뜻이다."(孝子所以不從命有三, 從命則親危, 不從命則親安, 孝子不從命乃衷, 從命則親辱, 不從命則親榮, 孝子不從命乃義, 從命則禽獸, 不從命則脩飾, 孝子不從命乃敬. 故可以從而不從, 是不子也, 未可以從而從, 是不衷也, 明於從不從之義, 而能致恭敬忠信, 端慤以愼行之, 則可謂大孝矣. 傳曰, 從道不從君, 從義不從父, 此之謂也.)고 하며 간언의 효를 말하고 있다.

• 不誼(불의) : 『금문효경』에는 '불의(不義)'로 되어 있다.

"故當不誼，則子不可以不爭
gù dāng bú yì zé zǐ bù kě yǐ bú zhèng

於父，臣不可以不爭於君.
yú fù chén bù kě yǐ bú zhèng yú jūn

故當不誼，則爭之，從父之命，
gù dāng bú yì zé zhèng zhī cóng fù zhī mìng

又安得爲孝乎."
yòu ān dé wéi xiào hū

"그러므로 만일 의롭지 않다면 자식은 부모에게 간언하지 않을 수 없고, 신하는 임금에게 간쟁하지 않을 수 없다. 그러므로 옳지 않다면 간쟁하여야 하니 부모님의 명령에 무조건 복종하는 것을 어찌 효라고 할 수 있겠는가?"

• 不誼(불의) : 『금문효경』에는 '불의(不義)'로 되어 있다.

• 從父之命(종부지명) : 『금문효경』에는 '명(命)'이 '령(令)'으로 되어 있다.

• 安得爲孝乎(안득위효호) : 『금문효경』에는 의문사 '안(安)'이 '언(焉)'으로 되어 있다. 安~乎는 어찌~하겠는가?

21 군자의 도리

사군장 事君章

이 장에서는 제후 · 경대부 · 사를 중심으로 군주를 섬기는 마음가짐을 서술하였다. 이들은 궁궐 안에 있으나 물러나 다른 처소에 있으나 늘 군주에 대한 충성심을 지녀야 한다는 것이다. 물론 무조건 충성 · 복종하라는 뜻은 아니다. 바른 미덕은 따르고 악은 막아야 할 책무가 그들에게 있으며 그것이 곧 충성이라는 것이다. 『금문효경』에서는 17장에 해당한다.

子曰, "君子之事上也,
zǐ yuē jūn zǐ zhī shì shàng yě

進思盡忠, 退思補過,
jìn sī jìn zhōng tuì sī bǔ gùo

將順其美, 匡救其惡.
jiāng shùn qí měi kuāng jiù qí è

故上下能相親也."
gù shàng xià néng xiāng qīn yě

詩云,"心乎愛矣, 遐不謂矣.
shī yún xīn hū ài yǐ xiá bú wèi yǐ

忠心臧之, 何日忘之."
zhōng xīn zāng zhī hé rì wàng zhī

공자가 말했다.
"군자가 위를 섬기는데 조정에 나아가서는 충성을 다할 것을 생각하고, 물러나서는 허물 고칠 것을 생각하고, (임금에게서) 그 미덕은 도와 따르고 그 나쁜 것은 막아 바르게 한다. 그러므로 위 아래가 서로 친밀해 질 수 있다."
『시경』에 말하기를 "마음으로 사랑하면 어찌 고하지 않을 수 있겠는가! 마음에 간직하니 어느 날인들 잊을 수 있겠는가!"라 하였다.

- 君子之事上也(군자지사상야) : '상(上)'은 군주.
- 進思盡忠(진사진충) : '진(進)'은 『공전』과 『어주』 모두 "進見於君."이라 했으니, 곧 "나아가 군주를 뵙는 것." 『설문해자』에 "충은 공경함"(忠, 敬也.)이라 했다.
- 退思補過(퇴사보과) : '진(進)'이 나아가 군주를 뵙는 것이라면 '퇴(退)'는 군주를 뵙고 물러나는 것이다. 한편으론 '진'은 관직에 나아간 것을 말하고 '퇴'는 관직에서 물러난 것이라 할 수도 있다. 『춘추좌전』선공12년에 "임보가 군주를 섬김에 나아가서는 충성 다함을 생각하고 물러 나와서는 허물을 고칠 것을 생각한다."(林父之事君

也, 進思盡忠, 退思補過.)는 말이 보인다.

- 將順其美(장순기미) : 『공전』에 "장(將)은 행(行)이다."고 하여, "도와서 행한다."는 뜻으로 보았다. '순(順)'은 순종이다. 그러므로 이 문장은 "군주의 좋은 점을 도와서 행하고 따른다."는 뜻이다.
- 匡救其惡(광구기악) : 『어주』에 '광(匡)'은 '정(正)'. '구(救)'는 '지(止)'라 했다.
- 詩云(시운) : 『시경』「소아」의 내용이다.
- 心乎愛矣(심호애의) : '호(乎)'는 '어(於)'. "군자가 성심으로 인군을 사랑하면" "마음으로부터 군주를 사랑하면"
- 遐不謂矣(하불위의) : 어찌 고하지 않을 수 있겠는가. '하(遐)'는 '어찌' '요원(遼遠)'. '위(謂)'는 '고(告)'.
- 忠心臧之(충심장지) : 『시경』에는 '충심(忠心)'이 '중심(中心)'. 『금문효경』에도 '충(忠)'이 '중(中)'으로, '장(臧)'이 '장(藏)'으로 되어 있다. 『정전(鄭箋)』에는 '장(藏)'을 '선(善)'으로 주석하였는데, 그렇다면 이 문장은 "마음속으로부터 인군을 좋(사랑한)다고 생각한다면"이 된다. '지(之)'는 '인군(人君)'.
- 何日忘之(하일망지) : 어느 날인들 그것을 잊겠는가? 절대로 잊지 않는다.

상친장 喪親章

효자의 도리로 부모님 살아생전으로부터 돌아가신 이후까지도 그 정성을 다해야함을 말한 장이다. 부모님 돌아가심에 슬퍼하고 애통해 하며 3일 동안 음식을 끊고 3년 상을 치러야하지만, 그래도 산 사람의 생명을 해치는 것은 금해야 함을 말하였다. 부모님 주신 생명을 해치는 것이 불효이기 때문이다. 『금문효경』에는 18장에 해당한다.

子曰,"孝子之喪親也,哭不依,
zǐ yuē xiào zǐ zhī sàng qīn yě kū bù yī

禮亡容,言不文,服美不安,
lǐ wú róng yán bù wén fú měi bù ān

聞樂不樂,食旨不甘,
wén yuè bú lè shí zhǐ bù gān

此哀戚之情也."
cǐ āi qī zhī qíng yě

공자가 말했다.
"효자가 부모님을 잃으면 곡소리를 그치지 않았고, 예를 함부로 하지 않았고, 말을 꾸미지 않았다. 그리고 좋은 옷을 입어도 편안하지 않았고, 음악을 들어도 즐겁지 않았고, 맛있는 음식을 먹어도 달지 않았다. 이것은 슬퍼하고 서러워하는 정 때문이다."

- 喪親(상친) : 부모님 상(喪). '상(喪)'은 '망(亡)', '실(失)'이다. 나아가 부모님 상에 '복(服)'을 입는다는 뜻이다. 아버지가 돌아가셨을 경우 자녀 모두 참최(斬衰)라 하여 통상 3년 복을 입었고, 어머니가 돌아가셨을 때는 자녀 모두가, 재최(齊衰)라 하여 3년 복을 입었다. 『예기』「잡기하」편에 자공이 부모상에 대해 묻자 공자가 "공경함을 최상으로 삼고 슬퍼하는 것이 그 다음이고 몸이 수척하게 되는 것은 가장 아래 단계이다."(敬爲上, 哀次之, 瘠爲下.)고 답하였다.
- 哭不依(곡불의) : 곡소리가 그치지 않는다. 『금문효경』에는 '불(不)'이 '불(弗)'로, '의(依)'가 '의(偯)'로 되어 있다. '의(依)'는 곡하는 소리.
- 禮亡容(예무용) : '용(容)'은 용의(容儀), 용모(容貌), 모습. 따라서 "태도나 동작을 보기 좋게 가꾸지 않는 것." 『금문효경』에는 '무(亡)'가 '무(無)'로 되어 있다.
- 言不文(언불문) : 말을 번잡하게 꾸미지 않는 것. 『금문효경』에는 '불(不)'이 '불(弗)'로 되어 있다. 『예기』「상복사제」편에 "3년상에 군자는 말하지 않는다."(三年之喪, 君不言.)고 하였다. '문(文)'은 문식(文飾), 수식(修飾), 꾸미다.
- 服美不安(복미불안) : 아름다운 옷을 입어도 오히려 몸과 마음이

편안하지 않은 것. '미(美)'는 '미복(美服)'. 따라서 '복미(服美)'는 아름답고 화려한 복장을 입는 것. 『예기』「문상」편에 "애통함이 마음에 있기 때문에 입으로 맛난 것을 먹어도 달지 않고 몸에 아름다운 옷을 입어도 편치 않다."(痛疾在心, 故口不甘味, 身不安美也.)고 하였다.

- 聞樂不樂(문악불락) : 음악을 들어도 즐겁지 않다. '문악(聞樂)'의 '악(樂)'은 명사로서 '음악'이고 '불락(不樂)'의 '락(樂)'은 형용사로서 '즐거워하다.'는 뜻이다.
- 食旨不甘(식지불감) : 맛난 것을 먹어도 맛있지 않다. '지(旨)'는 '미(美)'로 맛있다는 '미미(美味)'. 『논어』「양화」편에 "군자는 상중에 맛있는 음식을 먹어도 맛있지 않고 즐거운 음악을 들어도 즐겁지 않고 거처함에도 편안하지 않다. 그래서 그렇게 하지 않는다."(夫君子之居喪, 食旨不甘, 聞樂不樂, 居處不安, 故不爲也.)고 하였다.
- 哀戚之情(애척지정) : 슬퍼하고 서러워하는 정.

"三日而食, 敎民亡以死傷生也,
sān rì ér shí jiào mín wú yǐ sǐ shāng shēng yě

毁不滅性, 此聖人之正也."
huǐ bú miè xìng cǐ shèng rén zhī zhèng yě

"삼일이 지나서 음식을 먹는 것은 백성들로 하여금 죽은 사람 때문에 산 사람을 상하지 않게 하고 몸을 훼손해서 목숨을 잃지 않도록 하기 위함이다. 이것이 성인의 바른 가르침이다."

- 三日而食(삼일이식) : (부모상을 당하면) 삼일 만에 음식을 먹는다. 『예기』「단궁상」편에 "그러므로 군자는 부모 복상에 물이나 음식을 입에 넣지 않기를 사흘(3일)하기에 지팡이로 지탱한 이후에만 일어설 수 있다."(故君子之執親之喪也, 水漿不入於口者三日, 杖而后能起.)고 하였다.

- 敎民亡以死傷生也(교민무이사상생야) : 백성들로 하여금 죽은 사람(부모) 때문에 산 사람(자식)이 상하지 않도록 한다. '민(民)'은 여기서는 일반 백성의 의미보다는 효자를 가리킨다. 『금문효경』에는 '무(亡)'가 '무(無)'로 되어 있고, 종조사 '야(也)'는 없다. 『예기』「잡기하」편에서 공자는 "몸에 종기가 나면 목욕하고, 머리에 부스럼이 생기면 역시 목욕하여 깨끗이 닦아내고, 약해져서 병이 나면 술과 음식을 먹고 몸을 부양한다. 부질없이 몸이 수척해지면 병이 나서 몸을 훼손하게 되는 것이기에 군자는 그렇게 하지 않았다. 몸이 훼손되어 죽는 자를 군자는 도리에 어긋난 자식이라고 하였다."(身有瘍則浴, 首有創則沐, 病則飮酒食肉. 毁瘠爲病, 君子弗爲也. 毁而死, 君子謂之無子.)라고 하며, 신체를 함부로 할 수 없음을 지적하였다.

- 毁不滅性(훼불멸성) : (부모의 죽음을 슬퍼한 나머지) 몸을 훼손하여 목숨을 잃지 않는다. '훼(毁)'는 「개종명의장」 "불감훼상(弗敢毁傷)"의 '훼(毁)'와 같은 의미이다. '멸(滅)'은 '진(盡)', '성(性)'은 '생(生)'이다. 『예기』「단궁하」편에서 "몸을 훼손하여 신체를 위태롭게 하지 않는 것은 후손이 없는 불효를 범할 것을 두려워하기 때문이다."(毁不危身, 爲無後也.)고 하여, 몸을 해쳐가며 슬퍼하는 것을 금하였다.

- 聖人之正(성인지교) : 『금문효경』에는 '정(正)'이 '정(政)'으로 되어 있다. 『공전』에서는 '정(正)'을 '정제(正制)'라 했다.

"喪不過三年，示民有終也．
sāng bú guò sān nián shì mín yǒu zhōng yě

爲之棺槨衣衾以擧之，
wèi zhī guān guǒ yī qīn yǐ jǔ zhī

陳其簠簋，而哀戚之，
chén qí fǔ guǐ ér āi qī zhī

哭泣擗踊，哀以送之，
kū qì pì yǒng āi yǐ sòng zhī

卜其宅兆，而安措之，
bǔ qí zhái zhào ér ān cuò zhī

爲之宗廟，以鬼享之，
wéi zhī zōng miào yǐ gǔi xiǎng zhī

春秋祭祀，以時思之．"
chūn qiū jì sì yǐ shí sī zhī

"복상을 3년 넘지 않도록 한 것은 백성들에게 끝이 있음을 보이는 것이다. 관곽의금을 만들어 장사지내고 그 제기를 진설하여 슬퍼하고 애도하며 곡읍하고 벽용하여 슬프게 장송하며 택조를 골라 편히 안치하고 종묘를 만들어 귀신을 흠향하며 춘추로 제사 지내면서 때때로 사모하는 것이다."

• 喪不過三年(상불과삼년) : 상복은 삼년을 넘지 않는다. '불과삼년(不過三年)'이란 햇수로 3년이고 만 2년(25개월)이다. 『논어』「양화」편과 『예기』「삼년문」편에 "자식은 태어나서 3년이 지난 뒤에야 부모님의 품에서 떨어질 수 있다. 3년상은 천하의 모든 사람에게 해

당하는 상례이다."(子生三年, 然後免於父母之懷; 夫三年之喪, 天下之通喪也.)고 하며, 3년상의 의미를 말하였다.

- 示民有終(시민유종) : 백성들에게 끝이 있음을 보여준다. 부모상에 대한 슬픔은 끝이 없겠지만 그래도 기한 내 탈상을 제도적으로 만들어 산 사람의 활동을 중시하려고 한 것이다.
- 爲之棺槨衣衾(위지관곽의금) : '관(棺)'은 시체를 넣는 궤[內棺], '곽(槨)'은 관을 넣는 궤[外棺]. 관곽은 신분에 따라 두께를 달리하였다. 신분이 높으면 높을수록 관곽을 두껍게 하였다. '의(衣)'는 입관 전에 입히는 '염의(斂衣)', '금(衾)'은 시체를 싸는 홑겹의 이불. 『예기』「단궁상」편에 "장사지내는 것은 감추는 것이다. 감추는 것은 사람들에게 보이지 않게 하고자 함이다. 그러므로 의복으로 몸을 꾸미고, 관이 의복을 감싸고, 곽이 관을 감싸고 흙이 곽을 감싸는 것이다."(葬也者, 藏也; 藏也者, 欲人之弗得見也. 是故, 衣足以飾身, 棺周於衣, 槨周於棺, 土周於槨.)고 하였다.
- 以擧之(이거지) : 직역하면 "이렇게 해서 그것을 거행한다."가 된다. 구체적으로 '거지(擧之)'는 "시체를 관에 넣는 것"이다. 『금문효경』에는 '이(以)'가 '이(而)'로 되어 있다.
- 陳其簠簋(진기보궤) : '진(陳)'은 제기(祭器)를 상위에 진설하여 놓는 것. '보궤(簠簋)'는 제사 때 쓰는 제기(祭器).
- 而哀戚之(이애척지) : (이로써) 이것을 애도하고 슬퍼함.
- 哭泣擗踊(곡읍벽용) : '곡(哭)'은 소리 내어 슬피 우는 것, '읍(泣)'은 소리 없이 눈물 흘리는 것, '벽(擘)'은 '벽(擗)'과 같은 의미의 글자로 슬퍼하며 가슴을 치는 것, '용(踊)'은 '용(踴)'과 같은 의미의 글자로 발을 동동 구르며 슬퍼하는 것. 『금문효경』에는 '벽용곡읍(擗踊哭泣)'이라 했다.

- 哀以送之(애이송지) : 슬퍼하며 보낸다.

- 卜其宅兆(복기택조) : 부모의 묘혈을 점을 쳐서 정하는 것. '복(卜)'은 길흉을 점치는 것, '택(宅)'은 시체를 안치할 묘혈(墓穴)과 묘역(墓域). '조(兆)'는 길흉의 조짐 · 징조이나 여기서는 묘(墓). 따라서 '택조(宅兆)'는 무덤, 묘소.

- 而安措之(이안조지) : 이렇게 하여 편히 모시다. '조(措)'는 '치(置)'.

- 爲之宗廟(위지종묘) : 종묘(宗廟)를 만들다. 종묘는 조상을 모시는 사당.

- 以鬼享之(이귀향지) : 귀신을 흠향하다, 영혼을 섬기다. '귀(鬼)'는 죽은 사람의 영혼, '향(享)'은 흠향하다. 『예기』「제법」편에 "대개 천지사이에 살아있는 것을 모두 명(命)이라 하고, 만물이 죽는 것을 모두 '절(折)'이라 하고, 사람이 죽은 것을 '귀(鬼)'라고 한다."(大凡生於天地之間者, 皆曰命. 其萬物死, 皆曰折; 人死, 曰鬼.)고 하였고, 『예기』「제의」편에는 "모든 살아있는 것은 반드시 죽는다고 하였다. 죽으면 반드시 흙으로 돌아가는데 그것을 귀(鬼)라고 한다."(衆生必死, 死必歸土: 此之謂鬼.)고 하였다.

- 春秋祭祀(춘추제사) : 직역하면 "봄 · 가을로 제사를 지낸다."이나 『공전』에 입각하면 춘추(春秋)를 사시(四時)라 했으니 "봄 · 여름 · 가을 · 겨울에 제사 지낸다."는 뜻이다. 『예기』「제통」편에는 "무릇 제사는 사시가 있다. 봄의 제사를 약(礿), 여름 제사를 체(禘), 가을 제사를 상(嘗), 겨울 제사를 증(烝)이라 한다."(凡祭有四時: 春祭曰礿, 夏祭曰禘, 秋祭曰嘗, 冬祭曰烝.)고 하여 1년 4회 제사를 말했다.

- 以時思之(이시사지) : 때때로 사모한다. 수시로 생각한다. 계절이 바뀔 때마다 부모를 기린다는 뜻이다. 『예기』「제의」편에 "가을에

서리가 내리면 군자는 그것을 밟으며 마음이 슬퍼진다. 날씨가 춥기 때문이 아니라 계절이 바뀌었음을 느껴 부모를 생각하기 때문이다. 봄에 비가 내려 땅을 적시면 군자는 그것을 밟으며 두려워하고 삼가는 마음이 생긴다. 부모를 뵐 수 있을 것 같기 때문이다."(霜露旣降, 君子履之, 必有悽愴之心, 非其寒之謂也. 春, 雨露旣濡, 君子履之, 必有怵惕之心, 如將見之.)라는 말이 있다.

"生事愛敬, 死事哀戚.
shēng shì ài jìng, sǐ shì āi qī

生民之本盡矣, 死生之誼備矣,
shēng mín zhī běn jìn yǐ, sǐ shēng zhī yì bèi yǐ

孝子之事親終矣."
xiào zǐ zhī shì qīn zhōng yǐ

"살아계실 때 사랑과 공경으로 섬기고, 돌아가시면 슬픔과 애도로 섬긴다. 이것이 인간의 근본을 다한 것이요, 삶과 죽음의 예의를 모두 갖춘 것이다. (이로써) 효자의 부모님 섬김이 마무리되는 것이다."

- 生事愛敬(생사애경) : (부모님) 살아계실 때에는 사랑과 공경으로 섬긴다.
- 死事哀戚(사사애척) : (부모님) 돌아가시면 슬픔과 애도로 섬긴다.
- 生民之本(생민지본) : '생민(生民)'은 '생인(生人)', 살아있는 사람.

백성, 인민.

- 盡矣(진의) : 전부 다 행하는 것.
- 死生之誼(사생지의) : '사(死)'는 사자(死者), '생(生)'은 생자(生者). 돌아가신 부모와 살아계신 부모. 『금문효경』에는 '의(誼)'가 '의(義)'로 되어 있다. 도리, 예법.
- 備矣(비의) : 갖추다.
- 孝子之事終矣(효자지사종의) : (이로써) 효자의 부모 섬김이 마무리 된 것이다. 『금문효경』에는 "孝子之事親終矣."라고 해서 '사(事)'다음에 '친(親)'이 있다. 『순자』 「예론」편에 "태어남은 인생의 시작이고, 죽음은 인생의 끝이다. 처음과 끝이 모두 훌륭해야만 인도(人道)가 완성되는 것이다. 그러므로 군자는 시작을 삼가 공경하고 끝을 신중히 하여, 시작과 끝을 똑같이 한다. 이것이 군지의 도리이고 예의의 문식이다."(生, 人之始也, 死, 人之終也. 終始俱善, 人道畢矣. 故君子敬始而愼終, 終始如一, 是君子之道, 禮義之文也.)라고 했다.

부록 1

고문효경서 古文孝經序

공안국(孔安國)

孝經者何也. 孝者人之高行, 經常也. 自有天地人民以來, 而孝道著矣. 上有明王, 則大化滂流, 充塞六合. 若其無也, 則斯道滅息.

『효경』이란 어떤 것인가? 효는 인간의 고상한 행동이며, 경은 늘 그러한 도리이다. 하늘과 땅과 인간이 존재한 이래로 효도는 드러났다. 위로는 명철한 왕이 (백성들을) 큰 덕으로 감화시키고 천하에 가득 차게 하였다. 만약 (명철한 왕이) 없었다면 이 효도는 멸하여 없어졌을 것이다.

- 高行(고행) : 고상한 행위. 뛰어난 행위.
- 明王(명왕) : 명철한 군주. 성인의 덕을 갖춘 성왕(聖王).

- 大化(대화) : 큰 교화(敎化). 넓고 큰 덕화(德化).
- 滂流(방류) : 세차게 흘러넘침. 여기서는 성왕의 덕이 차고 넘친다는 뜻.
- 充塞(충색) : 가득 참. 잔뜩 차서 막힘.
- 六合(육합) : 천지(天地)와 동서남북 사방(四方). 우주. 천하. 세계.
- 滅息(멸식) : 멸망하여 없어짐.

當吾先君孔子之世, 周失其柄, 諸侯力爭. 道德旣隱, 禮誼又廢. 至乃臣弑其君, 子弑其父, 亂逆無紀, 莫之能正. 是以夫子每於閒居, 而歎述古之孝道也. 夫子敷先王之敎於魯之洙泗.

때마침 선조(先祖) 공자(BC 551-479)의 시대에 주나라는 권력을 잃었고, 제후들이 권력을 다투었다. 도덕은 이미 사라졌고, 예의 또한 폐지되었다. 이에 신하가 군주를 시해하고, 자식이 아버지를 죽이는 반역이 끊임없이 일어나는 지경까지 갔어도 이를 바로 잡지 못하였다. 이 때문에 공자는 매번 한가할 때마다 옛날의 효도를 그리워하며 탄식하였다. 공자는 노나라의 수수(洙水)와 사수(泗水) 지역에서 선왕의 가르침을 널리 펼치었다.

- 當(당) : 당하다. 마땅하다. 여기서는 때마침.
- 先君(선군) : 돌아간 아버지. 선고(先考). 돌아간 남의 아버지. 선

고장(先考丈). 선조(先祖). 조상(祖上). 역대의 천자(天子). 선대(先代)의 임금. 여기서는 역대 천자의 예우를 받았던 공자. 이 서문을 쓴 공안국(孔安國)은 공자의 12대손이니 공자는 선군도 되고 선조도 된다.

- 柄(병) : 권력. 권세
- 諸侯(제후) : 천자(天子)에게서 땅을 봉(封)해 받아 역내의 백성을 다스리던 임금. 『예기』「왕제」편에는 제후를 다섯 등급으로 나눴다. “천자가 제정한 작록(爵祿)은 공(公)·후(侯)·백(伯)·자(子)·남(男)의 다섯 등급이 있다. 제후에게는 상대부경(上大夫卿)·하대부(下大夫)·상사(上士)·중사(中士)·하사(下士)의 다섯 등급이 있다. 천자의 영토는 사방 천리, 공과 후의 영토는 사방 백리, 백의 영토는 칠십리, 자와 남의 영토는 오십리이다. 오십리가 못되는 사람은 천자에 속하지 않고 제후에 부속되며 부용(附庸)이라고 한다.”(王者之制祿爵, 公侯伯子男, 凡五等. 諸侯之上大夫卿, 下大夫, 上士中士下士, 凡五等. 天子之田方千里, 公侯田方百里, 伯七十里, 子男五十里. 不能五十里者, 不合於天子, 附於諸侯曰附庸.) 『논어』「학이」편에는 “천승지국을 다스릴 때에는 일을 공경히 해서 믿게 하고, 쓰임을 절약해서 사람들을 아끼고, 농한기에 백성을 부리라.”(道千乘之國: 敬事而信, 節用而愛人, 使民以時.)는 말이 있는데, 이 때 천승지국(千乘之國)이 곧 제후의 나라이며, 만승지국(萬乘之國)은 천자의 나라이다.
- 禮誼(예의) : 예의(禮義).
- 弑(시) : 자식이 부모를 죽이거나 신하가 임금을 죽이는 것처럼 아랫사람이 윗사람을 죽이는 것을 시해(弑害)한다고 하여 살(殺)과 구별하였다.

- 亂逆無紀(난역무기) : 모반(謀叛). 반역(反逆). 기(紀)는 기율(紀律), 기강(紀綱).
- 敷(부) : 펼치다. 진술하다.
- 洙泗(수사) : 산동성을 흐르는 수수(洙水)와 사수(泗水). 공자가 그 주변에서 제자들을 가르쳤기 때문에 공자의 유학을 수사학(洙泗學)이라고도 한다.

門徒三千, 而達者七十有二也. 貫首弟子, 顔回閔子騫冉伯牛仲弓性也, 至孝之自然, 皆不待諭而寤者也. 其餘則悱悱憤憤, 若存若亡.

(공자의 문하에서 가르침을 받은) 문도는 모두 3천명이나 되었지만, 통달한 사람은 72명이었다. (그 중) 남달리 뛰어났던 제자는 안회(顔回) · 민자건(閔子騫) · 염백우(冉伯牛) · 중궁(仲弓)인데, 효도의 자연스런 모습에 이른 자들로 모두가 가르침을 기다리지 않고도 깨달은 사람들이다. 그 나머지 제자들은 마음으로는 효도하려고 하였지만, 마음먹은 대로 되지 않아 분개하여 마치 어떤 때는 효도하는 듯하고, 어떤 때는 효도하지 못하는 듯하였다.

- 門徒三千(문도삼천) : 공자의 문하(門下)를 출입한 사람이 3천명이라는 말로서, 공자의 제자가 매우 많았음을 가리킨다.
- 達者(달자) : 예악사어서수(禮樂射御書數) 육예(六藝)에 능통한 자.

- 貫首(관수) : 우두머리.
- 顔回(안회, BC 521~490) : 자는 자연(子淵), 혹은 안연(顔淵). 덕행(德行)이 뛰어 났고, 안빈낙도(安貧樂道)한 공자의 수제자.
- 閔子騫(민자건, BC 536~478) : 민손(閔損), 자가 자건. 노나라 사람으로 어려서 어머니를 일찍 여의고 계모의 학대를 받으며 자라면서도 효성을 다해 증삼과 더불어 효의 대명사로 불린다.
- 冉伯牛(염백우, BC 522~489) : 자가 자유(子有), 혹은 염유(冉有). 중궁(仲弓, 冉雍)과는 가족관계. 공문십철의 한사람. 안연 · 자로 · 자공과 함께 공자의 주요 제자 네 명중 한 명으로 공자의 유랑 14년간 동행하였다.
- 仲弓(중궁, BC 522~?) : 염옹(冉雍). 자가 중궁, 혹 자궁(子弓). 노나라 사람. 공자로부터 군주감이란 칭송을 들은 제자.
- 寤(오) : 깨닫는다는 의미의 오(寤), 오(悟)와 통용되는 글자.
- 悱悱憤憤(비비분분) : 비비(悱悱)는 말을 하려고 하지만 말이 나오지 않는 모양. 분분(憤憤)은 마음에 맺혀서 풀리지 않는 모습. 분개하는 모양.

唯曾參躬行匹夫之孝, 而未達天子諸侯以下, 揚名顯親之事. 因侍坐, 而諮問焉. 故夫子告其誼. 於是曾子喟然知孝之爲大也. 遂集而錄之, 名曰孝經, 與五經竝行於世.

오로지 증삼만이 보통 사람들의 효도를 실천하였지만 천자나 제후의 밑에서 부모님의 이름을 드러내는 데에는 이르지 못하였다. 그래서 (공자를) 모시고 앉아 있으면서 자문하였다. 이 때문에 공자가 그에게 (효도의) 마땅한 도리를 알려주었다. 이에 증자가 효도의 위대함을 알고는 감탄하였다. 마침내 그것들을 모아 기록한 것을 『효경』이라 이름 하였는데, 이것은 오경(五經)과 함께 세상에 나란히 하였다.

- 曾參(증삼, BC 505~436) : 남무성(南武城)사람. 자는 자여(子輿).
- 匹夫之孝(필부지효) : 보통 사람의 소박하고도 일반적인 효행.
- 揚名顯親(양명현친) : 입신양명(立身揚名)하여 세상에 부모님의 이름을 드러내는 것.
- 侍坐(시좌) : 증삼이 스승 공자를 모시고 곁에 앉아 있는 모습. 『효경』「개종명의장」의 첫머리는 "仲尼閒居, 曾子侍坐."로 시작한다.
- 喟然(위연) : 감탄하는 모양.
- 五經(오경) : 한(漢)나라 때 『역』, 『시』, 『서』, 『예』, 『춘추』를 오경이라 하였는데, 원래는 『악(樂)』을 포함해서 육경(六經)이었다.

逮乎六國, 學校衰廢, 及秦始皇焚書坑儒, 孝經由是絶而不傳也. 至漢興, 建元之初, 河間王得而獻之. 凡十八章, 文字多誤, 博士頗以教授.

여섯 나라가 다투는 시대에 이르러 학교가 쇠퇴하여 폐지되었고,

진시황이 분서갱유를 단행하는데 이르러 『효경』은 이로 말미암아 사라지고 전해지지 않았다. 한나라가 일어나 건원(建元) 초에 하간(河間)의 헌왕(獻王)이 그것(효경)을 얻어 (무제에게) 바쳤다. (이것은) 대략 18장으로 문자에 잘못된 글자가 많았지만, 박사들이 널리 교수(敎授)하였다.

- 六國(육국) : 전국시대(戰國時代)의 제후국 제(齊) · 초(楚) · 연(燕) · 한(韓) · 위(魏) · 조(趙)나라.
- 秦始皇(진시황) : 전국시대 여섯 나라를 통일하고 봉건제(封建制)를 군현제(郡縣制)로 고치며 중앙집권적 통일 국가를 이룬 중국 최초의 황제.
- 焚書坑儒(분서갱유) : 진시황에 의한 사상 · 언론 탄압사건. 진시황이 천하를 통일한 8년 뒤인 BC 213년, 재상 이사(李斯)의 건의로 장서(藏書) 금지령인 협서율(挾書律)을 제정하여 의서(醫書) · 점서(占書) · 농서(農書)를 제외한 모든 서적을 불태우게 했고, 이듬해에는 진시황을 비난하던 유생(儒生) 460여명을 도읍인 함양(咸陽)에서 갱(坑)에 생매장한 사건.
- 建元(건원) : 전한(前漢)의 제7대 천자(天子)인 무제(武帝)의 연호.
- 河間王(하간왕) : 전한 제6대 천자인 경제(景帝)의 셋째 아들 유덕(劉德). 그는 하간왕에 봉(封)해 졌는데, 하간은 지금의 하북성(河北省) 하간현(河間縣) 남쪽.
- 頗(파) : 자못. 널리. 두루두루.

後魯共王使人壞夫子講堂，於壁中石函，得古文孝經二十二章. 載在竹牒，其長尺有二寸，字科斗形. 魯三老孔子惠，抱詣京師，獻之天子.

그 후 노공왕(魯共王)이 (궁을 넓히려고) 사람들로 하여금 공자의 강당을 부수게 하였는데, 그 벽 속 돌로 된 함에서 『고문효경』 22장을 발견하였다. 그것은 대나무 조각에 쓰여 있었으며, 그 길이는 1자(尺) 2치(寸)였고, 글자는 과두(蝌蚪)문자였다. 노(魯)의 삼로(三老)인 공자혜(孔子惠)가 그것을 서울로 싸 가지고 가서 천자 소제(昭帝, 재위 BC 86-74)에게 바쳤다.

- 魯共王(노공왕) : 전한 경제(景帝)의 다섯째 아들. 무제(武帝)의 동생. 노왕(魯王)에 봉해져서 궁전을 넓히려고 공자의 옛집을 헐자 거기서 『상서』, 『논어』, 『효경』, 『예기』 등이 나왔다.
- 古文孝經(고문효경) : 공자의 고택에서 나온 것으로 선진(先秦), 즉 춘추전국시대의 고문(古文)으로 쓰였다. 고문은 과두(蝌蚪)문자 혹은 주문(籒文)이라고도 한다. 공자의 12세손인 공안국이 해독하였다.
- 竹牒(죽첩) : 대나무로 된 글씨판, 곧 서책.
- 科斗(과두) : 전자(篆字)이전의 주문(籒文) 또는 과두(蝌蚪)문자. 올챙이처럼 생겼다고 해서 과두(蝌蚪)문자라고 하였다.
- 三老(삼로) : 주(周)나라 때 제후들의 자제 교육을 위해 대학에 삼로(三老)·오경(五更)을 둠.

- 孔子惠(공자혜) : 어떤 판본에는 혜(慧)로 되어있으나 혜(惠)가 맞다.
- 詣(예) : 나아가다. 관청에 출두하다.
- 京師(경사) : 장안(長安). 지금의 섬서성(陝西省) 서안(西安).
- 天子(천자) : 소제(昭帝) 유불릉(劉弗陵). 연호는 시원(始元). 재위기간 BC 86~74.

天子使金馬門待詔學士, 與博士羣儒, 從隸字寫之. 還子惠一通, 以一通賜所幸侍中霍光. 光甚好之, 言爲口實. 時王公貴人, 咸神秘焉, 比於禁方.

천자 소제(昭帝)는 금마문(金馬門)의 대조학사(待詔學士)와 박사(博士)등 여러 유학자들에게 그것을 예서(隸書) 글자체로 쓰게 하였다. (그리고) 한 통은 공자혜에게 돌려주고 또 한 통은 총애하는 시중(侍中) 곽광(霍光)에게 하사하였다. 곽광은 매우 좋아하며 그것을 구실로 자주 사람들에게 말하였다. 그 때 왕공귀인(王公貴人)들은 모두가 그것을 신비하게 여기며 감추어 비밀스런 비법에 견주었다.

- 金馬門(금마문) : 한(漢)나라 때 미앙궁(未央宮)에 있던 문으로 학사(學士)들이 출사(出仕)하던 곳.
- 待詔(대조) : 임관(任官)의 조서(詔書)가 내리기를 기다리는 것으로 한나라 이후로는 벼슬 명칭으로 사용. 대개 경학에 뛰어난 선비

가 임명되어 천자의 하문(下問)에 응대하였다.

- 隸字(예자) : 예서(隸書). 지금의 해서(楷書). 진시황 때 정막(程邈)이 소전(小篆)을 간단히 하여 만든 서체.
- 幸(행) : 천자의 총애를 받는다.
- 侍中(시중) : 진(秦)나라 때 궁중의 일을 아뢰는 주사(奏事)를 맡은 벼슬. 위진(魏晉)이후 문하성(門下省)의 장관을 시중이라 하였다.
- 霍光(곽광, ? ~ BC 68) : 자는 자맹(子孟). 전한(前漢)의 무제(武帝) · 소제(昭帝) · 선제(宣帝)를 섬겼다. 곽거병(霍去病)의 이복동생. 어릴 때부터 궁중에서 일하며 무제를 섬겼고 8세의 나이로 즉위한 소제를 보필하여 정사(政事)를 집행했다. 선제의 즉위에 힘썼으며 선제는 모든 일을 그와 먼저 의논했다. 선제가 즉위한 후 그 딸은 황후가 되고 일문영달(一門榮達)하여 존귀를 누렸으나, 그가 죽은 후 선제에 의해 일족이 반역죄로 죽임을 당했다.
- 神祕(신비) : 신비하게 여기며 감추다.
- 禁方(금방) : 비법(秘法).

天下競欲求學, 莫能得者. 每使者至魯, 輒以人事請索, 或好事者, 募以錢帛, 用相問遺. 魯吏有之帝都者, 無不齎持以爲行路之資. 故古文孝經, 初出於孔氏.

천하의 사람들이 경쟁적으로 (『효경』을) 구하여 배우려고 하였지만 얻는 사람은 없었다. 매번 (여러 나라의) 사자(使者)가 노나라에 와서 번번이 (그것의) 연고(緣故)를 찾으면서, 혹 물건을 좋아하는 이에게는 비단과 돈으로 선물을 주며 문안하고 (그것을) 손에 넣으려 하였다. 노나라의 관리로 제도(帝都, 장안)로 가는 사람이 있으면 (그것을) 지참하여 여비로 삼지 않는 일이 없었다. 그러므로 『고문효경』이 처음으로 공씨(孔氏, 공가)에게서 나온 것이다.

- 輒(첩) : 번번이. 그때마다.
- 人事(인사) : 연고(緣故)를 찾다.
- 好事(호사) : 진귀한 물건을 좋아하다.
- 錢帛(전백) : 돈과 비단.
- 問遺(문유) : 문안하고 선물을 주다.
- 齎持(재지) : 지참하다.
- 孔氏(공씨) : 공가(孔家).

而今文十八章, 諸儒各任意巧說, 分爲數家之誼. 淺學者, 以當六經, 其大車, 載不勝. 反云孔氏無古文孝經, 欲矇時人. 度其爲說, 誣亦甚矣.

그러나 금문(今文) 18장은 여러 유학자들이 임의대로 교묘하게 말한 것으로 여러 학파로 나뉘게 되었다. 학문이 얕은 학자는 (『효경』을) 육경(六經)에 마땅하다고 하였는데, 그런 설들은 큰 수레에 다 실을 수 없을 정도이다. 반대로 말하는 사람들은 공가(孔家)

에는『고문효경』이 없다고 하며, 당시 사람들의 눈을 어둡게 하려고 하였다. 그 말을 헤아려본다면 거짓임이 너무나도 분명하다.

- 巧說(교설) : 교묘하게 말하다.
- 淺學者(천학자) : 학문이 얕은 사람.
- 以當六經(이당육경) : 후한의 정현이『효경』을 육경(六經)과 비견한 것을 말한다.
- 矇(몽) : 눈을 어둡게 하다.
- 誣(무) : 거짓말. 무고(誣告).

吾愍其如此, 發憤精思, 爲之訓傳, 悉載本文. 萬有餘言, 朱以發經, 墨以起傳. 庶後學者, 覩正誼之有在也.

내가 이 같은 사실에 대해 고민하다 마음을 떨쳐 일으켜 생각을 집중해서 뜻을 해석하여 모두 본문에 실었다. 글자가 만여 글자에 달하는데, 경문(經文)은 붉은 글씨로, 전문(傳文)은 검은 글씨로 썼다. (이렇게 한 것은) 후학자들에게 그 바른 경전이 여기에 있음을 보여주기 위해서이다.

- 愍(민) : 근심하다.

- 發憤(발분) : 마음을 떨쳐 일으키다.
- 精思(정사) : 생각을 집중하다.
- 訓傳(훈전) : 경전의 뜻을 해석하다.
- 萬有餘言(만유여언) : 언(言)은 글자. 글자가 대략 만 글자 정도.
- 覩(도) : 도(睹). 보다. 분별하다.

> **今, 中祕書, 皆以魯三老所獻古文爲正. 河間王所上, 雖多誤, 然以先出之故, 諸國往往有之. 漢先帝發詔, 稱其辭者, 皆言傳曰, 其實今文孝經也.**
>
> 오늘날 궁중의 서적 관리하는 사람들은 모두 노(魯)의 삼로(三老)가 바친 『고문효경』을 정본으로 생각하였다. 하간왕(河間王)이 헌상한 것은 비록 많은 곳에 잘못이 있지만, 그러나 먼저 나왔다는 까닭으로 여러 나라에서 왕왕 통용되고 있다. 한(漢)나라의 선제(先帝)가 조칙을 발표하면서 그 말을 인용할 때, '전왈(傳曰)'이라고 하였는데, 그것은 사실 『금문효경』을 말한다.

- 中祕書(중비서) : 궁중에서 서적을 보관하고 관리하는 사람.
- 漢先帝(한선제) : 전한의 5대 천자인 효문제(孝文帝)와 6대 천자인 효경제(孝景帝)
- 傳(전) : 경(經)을 쉽게 풀어 놓은 해석.

昔吾逮從伏生論古文尚書誼. 時學士會, 云出叔孫氏之門, 自道知孝經有師法. 其說移風易俗, 莫善於樂, 謂爲天子用樂, 省萬邦之風, 以知其盛衰, 衰則移之, 以貞盛之敎, 淫則移之, 以貞固之風, 皆以樂聲知之. 知則移之, 故曰移風易俗, 莫善於樂也. 又師曠云, 吾驟歌南風, 多死聲. 楚必無功, 卽其類也.

옛날 나는 복생(伏生)을 따라 『고문상서(古文尚書)』의 문제에 대해 논의한 적이 있다. 그 때 모인 학사(學士)들이 "(우리들은) 숙손씨(叔孫氏)의 문하에서 나왔으므로 『효경』을 알고 있고, 그것이 스승이 전수해준 법(師法)"이라고 스스로 말하였다. 그 설명 가운데, "이풍역속, 막선어락(移風易俗, 莫善於樂: 풍속을 바꾸는 데에는 음악보다 좋은 것이 없다)"이라는 문장을 가리켜, 천자가 음악을 써서 만방의 풍속을 살피었고, 이로써 그 흥성하고 쇠퇴함을 알았고, 쇠퇴해 있으면 그것을 바르고 훌륭한 가르침으로 교화하였고, 음란하면 바르고 건실한 풍습으로 하여 그것을 고치었는데, 모두가 음의 소리로 그것을 안 것이다. 알면 그것을 바로 잡을 수 있기 때문에 "풍속을 바꾸는 데에는 음악보다 좋은 것이 없다."고 한 것이다. 또 사광(師曠)이 말하기를 "나는 자주 남방의 노래를 연주하는데, (그것은) 대부분 죽은 소리(와도 같은 슬픈 음악)이다. (그렇기 때문에) 초(楚)나라는 반드시 공적(功績)이 없을 것이다."고 하였는데, 곧 이것이 그런(음악으로 성쇠를 안다고 하는) 종류이다.

- 伏生(복생) : 진한(秦漢)의 복승(伏勝). 자는 자천(子賤). 분서갱유가 자행되던 시절 벽 속에 『상서』를 감춰두고 피난 갔다가, 한나라가 천하를 통일하자 돌아와 벽 속의 책들을 찾았지만, 대부분 사라지고 29편만 남았으며, 문제(文帝)가 조조(鼂錯)를 보내 『상서』를 전수해 오도록 하였는데, 이것이 『금문상서』의 원본이 되었다.
- 古文尚書(고문상서) : 한나라 경제(景帝) 때, 노공왕(魯恭王)이 공자의 구택을 헐 때 벽 속에서 나온 책. 과두(蝌蚪)문자로 되어 있기 때문에 고문이라 하였다.
- 叔孫氏(숙손씨) : 호는 직사군(稷嗣君). 숙손통(叔孫通)을 가리킨다. 진대(秦代) 학문이 뛰어나 대조박사(待詔博士)로 피택. 한대(漢代) 유방(劉邦)이 황제로 등극한 뒤 그를 박사로 임명하여 의례를 정비하도록 하였다. 결국 그는 태상(太常: 종묘의 의례담당관)을 거쳐 태자태부(太子太傅)가 되었다.
- 道(도) : 말하다(言). 일반적으로는 '말하다'는 뜻으로 '언(言)'을 쓰지만, 경전에 관계된 내용은 '도(道)'를 쓴다.
- 師法(사법) : 스승이 전수해 준 법.
- 移風易俗(이풍역속), 莫善於樂(막선어악) : 풍속을 바꾸는 데에는 음악보다 좋은 것이 없다. 『고문효경』「광요도장」에도 있다.
- 貞盛之教(정성지교) : 올바르고 훌륭한 가르침.
- 貞固之風(정고지풍) : 바르고 건실한 풍습.
- 師曠(사광) : 자는 자야(子野). 춘추시대 진평공(晋平公, 재위 BC 557~532년)의 소경 악사(樂師). 사광은 음악소리를 갖고 길흉(吉凶)을 점쳤다. 『춘추좌씨전』 양공 19년 조에 초나라 대군이 쳐들어왔다는 소리를 듣자 사광이 한 말이 있다. "해악이 없을 것이다. 나는 자주 북방의 노래를 부르기도 하고, 또 남방의 노래를 부르기도

한다. 남방의 음악은 적극적이지 않고 대부분 죽은 소리처럼 슬픈 소리이니, 초나라는 공적이 없을 것이다."(師曠曰, 不害. 吾驟歌北風, 又歌南風, 南風不競, 多死聲. 楚必無功.) 사광과 관계된 이런 일화도 있다. 진평공이 여러 신하들과 술을 마시다 얼큰하게 취하자 길게 탄식하며 "군주라는 지위보다 더 즐거운 것은 없구나! 군주의 말은 그 누구도 거역하지 않는구나!"라고 말했다. 그러자 그 앞에 앉아있던 사광이 비파를 들어 평공을 향해 던졌다. 평공이 몸을 피하자 비파는 벽에 부딪쳐 부서졌다. 평공이 "태사(太師)는 누구를 치려는 것인가?"라고 묻자 사광은 "지금 웬 소인배가 말을 하고 있어 그를 치려고 했습니다."라고 말했다. 평공이 "그 말을 한 사람은 바로 나일세."라고 하니 사광은 "그렇습니다. 그것은 군주된 사람이 입에 담으실 말이 아닙니다."라고 말했다. 주위의 신하들이 비파에 맞아 홈이 난 벽에 칠을 할 것을 청하자 평공은 "그만두어라. 그것으로 과인은 계명을 삼겠다."라고 말했다는 일화가 전한다.

- 南風(남풍) : 남방의 노래.
- 死聲(사성) : 활기 없이 죽어가는 소리와도 같은 슬픈 노래 소리. 초나라의 노래를 사성(死聲)이라 한 것은 초나라의 국세가 그만큼 기울었다는 이야기.

且曰, 庶民之愚安能識音, 而可以樂移之乎. 當時衆人僉以爲善. 吾嫌其說迂. 然無以難之. 後推尋其意殊不得爾也. 子游爲武城宰, 作絃歌以化民, 武城之下邑, 而猶化之以樂.

또 (숙손씨의 문인들이) 말하였다. "어리석은 일반 서민들이 어찌 음악을 알아서 음악으로 (풍속을) 바꿀 수 있겠는가?" 당시 사람들은 모두 그것이 옳다고 여겼다. (그러나) 나는 그 설명이 물정에 어두운 것이라 의심하였다. 그렇다고 그들의 설명을 비난까지는 하지 않았다. 그 후 (『효경』) 뜻의 다양성을 찾고 헤아려보는데, 얻을 수 없었다. 그러나 (예를들면) 무성(武城)같이 작은 마을의 읍재가 된 자유(子游)가 현가(絃歌) 를 만들어 오히려 음악으로 백성들을 교화한 것이다.

- 僉(첨) : 다. 모두.
- 子游(자유, BC 506～?) : 오(吳)나라 출신. 성은 언(言)이고, 이름은 언(偃)이니, 우리 식으로 부르면 언언이다. 공자보다 45세(『가어』에는 35세) 연하이다. 공문십철(孔門十哲)의 한사람으로 예법을 공부했고 문학으로 이름을 날렸다.
- 武城(무성) : 지금의 산동성 비현(費縣)의 서남쪽.
- 絃歌(현가) : 현악소리.
- 下邑(하읍) : 도읍(都邑)에서 떨어진 변두리 작은 마을. 변읍(邊邑).

故傳曰，夫樂以關山川之風，以曜德於廣遠，風德以廣之，風物以聽之，脩詩以詠之，脩禮以節之. 又曰，用之邦國焉，用之鄕人焉. 此非唯天子用樂明矣.

그러므로 전(傳)에 이런 말이 있다. "대저 음악은 산천의 풍기(風氣)를 통하고, 광대하고 먼 곳까지 덕을 빛내며, 풍덕(風德)으로 그것을 넓히고, 풍물(風物)로 그것을 듣게 하고, 『시』를 배워 그것을 읊게 하고, 예를 닦아 그것을 절도 있게 하였다." 또 말했다. "이것을 나라에 이용하고, 고향 사람들에게 이용한다." 이것은 오로지 천자만이 음악을 쓰는 것이 아님을 밝혀주는 것이다.

- 傳曰(전왈) : 여기서는 『국어(國語)』를 가리킨다.
- 風德(풍덕), 風物(풍물) : 덕화(德化). 『논어』「안연」편에 계강자(季康子)가 공자에게 정치에 대해 질문하자, 공자가 대답하며, 덕풍(德風)을 언급하였다. "군자의 덕은 바람과 같고, 소인의 덕은 풀과 같아서 풀 위로 바람이 불면 반드시 넘어간다."(君子之德風, 小人之德草. 草上之風, 必偃.)

夫雲集而龍興, 虎嘯而風起. 物之相感, 有自然者, 不可謂毋也. 胡笳吟動, 馬蹀而悲, 黃老之彈, 嬰兒起舞. 庶民之愚, 愈於胡馬與嬰兒也, 何爲不可以樂化之.

구름이 모이면 용이 일어나고, 호랑이가 포효하면 바람이 일어난다. 사물이 서로 감응한다는 것은 저절로 그러한 자연의 이치이므로, (음악으로 감화시킬 수) 없다고는 할 수 없다. 호인(胡人)이 갈대피리를 불어 진동시키면 말도 앞발로 땅을 차며 슬퍼하고, 노인이 거문고를 타면 어린아이가 일어나 춤을 춘다. 어리석은 서민들도 말이나 어린아이보다는 나은데, 어찌 음악으로 교화시킬 수 없다고 하겠는가?

- 雲集而龍興(운집이용흥), 虎嘯而風起(호소이풍기) : 『주역』「건괘」에 "같은 소리끼리 서로 응답하고, 같은 기운끼리 서로 짝한다. 물은 습한 데로 흐르고, 불은 마른 데로 번지고, 구름은 용을 좇고, 바람은 호랑이를 좇는다."(同聲相應, 同氣相求. 水流濕, 火就燥, 雲從龍, 風從虎.)고 하였는데, 이것에 근거한 내용이다.
- 胡笳(호가) : 호인(胡人)들이 불던 갈잎 피리.
- 馬蹀(마접) : 말이 뛴다는 뜻이지만, 여기서는 말이 앞발로 차는 것을 가리킨다.
- 黃老(황노) : 노인.

經又云, 敬其父則子說, 敬其君則臣說. 而說者以爲, 各自敬其爲君父之道, 臣子乃說也. 余謂不然. 君雖不君, 臣不可以不臣, 父雖不父, 子不可以不子. 若君父不敬其爲君父之道, 則臣子便可以忿之邪. 此說不通矣. 吾爲傳, 皆弗之從焉也.

경전(『효경』)에 또 말했다. "아버지를 공경하면 자식이 기꺼이 기뻐하며 따르고, 군주를 공경하면 신하가 기꺼이 기뻐하며 따른다." 그러나 이 말을 설명하는 자가 각기 스스로 공경한다는 것은 군주와 아버지의 도리를 다해야 신하와 자식이 이에 기꺼이 기뻐하며 따른다고 한 것이라 하였다. (하지만) 나는 그렇게 생각하지 않는다. 군주가 비록 군주답지 않아도 신하는 신하답지 않으면 안 되고, 아버지가 비록 아버지답지 않아도 자식은 자식답지 않으면 안 된다. 만일 군주와 아버지가 군주와 아버지의 도리를 다하진 않았다고 공경하지 않고, 신하와 자식이 화를 내는 것이 옳은 일이겠는가? 이러한 설명은 통용되지 않는다. (그러므로) 나는 전(傳)을 쓰면서 이러한 것을 쫓지 않았다.

• 經又云(경우운) : '경(經)'은 『효경』「광요도장」을 말한다.

• 敬其父則子說(경기부즉자열) : '열(說)'은 '열(悅)'. 기뻐하다. 기꺼이 따르다. 기뻐하며 복종하다.

부록 2

『금문효경』 원문

제1장 開宗明義章

仲尼居. 曾子侍. 子曰, 先王有至德要道, 以順天下, 民用和睦, 上下無怨. 汝知之乎. 曾子避席曰, 參不敏, 何足以知之. 子曰, 夫孝德之本也. 敎之所由生也. 復坐吾語汝. 身體髮膚, 受之父母, 不敢毁傷, 孝之始也. 立身行道, 揚名於後世, 以顯父母, 孝之終也. 夫孝始於事親, 中於事君, 終於立身. 大雅云, 無念爾祖, 聿脩厥德.

제2장 天子章

子曰, 愛親者, 不敢惡於人. 敬親者, 不敢慢於人. 愛敬盡於事親, 而德敎加於百姓, 刑於四海. 蓋天子之孝也. 甫刑云, 一人有慶, 兆民賴之.

제3장 諸侯章

在上不驕, 高而不危. 制節謹度, 滿而不溢. 高而不危, 所以長守貴也, 滿而不溢, 所以長守富也, 富貴不離其身, 然後能保其社稷, 而和其民人. 蓋諸侯之孝也. 詩云, 戰戰兢兢, 如臨深淵, 如履薄冰.

제4장 卿大夫章

非先王之法服, 不敢服. 非先王之法言, 不敢道. 非先王之德行, 不敢行. 是故非法不言, 非道不行. 口無擇言, 身無擇行. 言滿天下無口過, 行滿天下無怨惡. 三者備矣, 然後能守其宗廟. 蓋卿大夫之孝也. 詩云, 夙夜匪懈, 以事一人.

제5장 士章

資於事父以事母, 而愛同. 資於事父以事君, 而敬同. 故母取其愛, 而君取其敬, 兼之者父也. 故以孝事君則忠. 以敬事長則順. 忠順不失, 以事其上, 然後能保其祿位, 而守其祭祀. 蓋士之孝也. 詩云, 夙興夜寐, 無忝爾所生.

제6장 庶人章

用天之道. 分地之利. 謹身節用, 以養父母. 此庶人之孝也. 故自天子至於庶人, 孝無終始, 而患不及者, 未之有也.

제7장 三才章

曾子曰, 甚哉, 孝之大也. 子曰, 夫孝, 天之經也, 地之義也, 民之行也. 天地之經, 而民是則之. 則天之明, 因地之利, 以順天下, 是以其教不肅而成, 其政不嚴而治. 先王見教之可以化民也. 是故先之以博愛, 而民莫遺其親. 陳之於德義, 而民興行. 先之以敬讓, 而民不爭. 導之以禮樂, 而民和睦. 示之以好惡, 而民知禁. 詩云, 赫赫師尹, 民具爾瞻.

제8장 孝治章

子曰, 昔者明王之以孝治天下也. 不敢遺小國之臣, 而況於公侯伯子男乎. 故得萬國之懽心, 以事其先王. 治國者, 不敢侮於鰥寡, 而況於士民乎. 故得百姓之懽心, 以事其先君. 治家者, 不敢失於臣妾, 而況於妻子乎. 故得人之懽心, 以事其親. 夫然, 故生則親安之, 祭則鬼享之. 是以天下和平, 災害不生, 禍亂不作. 故明王之以孝治天下也如此. 詩云, 有覺德行, 四國順之.

제9장 聖治章

曾子曰, 敢問聖人之德, 無以加於孝乎. 子曰, 天地之性, 人爲貴. 人之行, 莫大於孝, 孝莫大於嚴父. 嚴父莫大於配天, 則周公其人也. 昔者周公郊祀后稷, 以配天. 宗祀文王於明堂, 以配上帝. 是以四海之內, 各以其職來祭. 夫聖人之德, 又何以加於孝乎. 故親生之膝下, 以養父母日嚴. 聖人因嚴以教敬, 因親以教愛. 聖人之教, 不肅而成, 其政不嚴而治. 其所因者本也. 父子之道, 天性也, 君臣之義也. 父母生之, 續莫大焉. 君親臨之, 厚莫重焉. 故不愛其親, 而愛他人者, 謂之悖德, 不敬其親, 而敬他人者, 謂之悖禮. 以順則逆, 民無則焉. 不在於善, 而皆在於凶德. 雖得之, 君子不貴也. 君子則不然. 言思可道, 行思可樂. 德義可尊, 作事可法. 容止可觀, 進退可度. 以臨其民. 是以其民畏而愛之, 則而象之. 故能成其德教, 而行其政令. 詩云, 淑人君子, 其儀不忒.

제10장 紀孝行章

子曰, 孝子之事親也, 居則致其敬. 養則致其樂. 病則致其憂. 喪則致其哀. 祭則致其嚴. 五者備矣, 然後能事親. 事親者, 居上不驕, 爲下不亂, 在醜不爭. 居上而驕則亡, 爲下而亂則刑, 在醜而爭則兵. 三者不除, 雖日用三牲之養, 猶爲不孝也.

제11장 五刑章

子曰, 五刑之屬三千, 而罪莫大於不孝. 要君者無上. 非聖人者無法. 非孝者無親. 此大亂之道也.

제12장 廣要道章

子曰, 敎民親愛, 莫善於孝, 敎民禮順, 莫善於悌. 移風易俗, 莫善於樂. 安上治民, 莫善於禮. 禮者敬而已矣. 故敬其父則子悅, 敬其兄則弟悅, 敬其君則臣悅, 敬一人而千萬人悅. 所敬者寡, 而悅者衆, 此之謂要道也.

제13장 廣至德章

子曰, 君子之敎以孝也, 非家至而日見之也. 敎以孝, 所以敬天下之爲人父者也, 敎以悌, 所以敬天下之爲人兄者也. 敎以臣, 所以敬天下之爲人君者也. 詩云, 愷悌君子, 民之父母. 非至德, 其孰能順民, 如此其大者乎.

제14장 廣揚名章

子曰, 君子之事親孝, 故忠可移於君. 事兄悌, 故順可移於長. 居家理, 故治可移於官. 是以行成於內, 而名立於後世矣.

제15장 諫諍章

曾子曰, 若夫慈愛恭敬, 安親揚名, 則聞命矣. 敢問, 子從父之令, 可謂孝乎. 子曰, 是何言與, 是何言與. 昔者, 天子有爭臣七人, 雖無道, 不失其天下, 諸侯有爭臣五人, 雖無道, 不失其國, 大夫有爭臣三人, 雖無道, 不失其家. 士有爭友, 則身不離於令名. 父有爭子, 則身不陷於不義. 故當不義, 則子不可以不爭於父, 臣不可以不爭於君. 故當不義, 則爭之. 從父之令, 又焉得爲孝乎.

제16장 感應章

子曰, 昔者明王事父孝, 故事天明, 事母孝, 故事地察. 長幼順, 故上下治. 天地明察, 神明彰矣. 故雖天子必有尊也, 言有父也, 必有先也, 言有兄也. 宗廟致敬, 不忘親也. 脩身愼行,恐辱先也. 宗廟致敬, 鬼神著矣. 孝悌之至, 通於神明, 光于四海, 無所不通. 詩云, 自西自東, 自南自北, 無思不服.

제17장 事君章

子曰, 君子之事上也. 進思盡忠. 退思補過. 將順其美. 匡救其惡. 故上不能相親也. 詩云, 心乎愛矣, 遐不謂矣, 中心藏之, 何日忘之.

제18장 喪親章

子曰, 孝子之喪親也, 哭不偯, 禮無容, 言不文, 服美不安, 聞樂不樂, 食旨不甘. 此哀戚之情也. 三日而食, 敎民無以死傷生, 毁不滅性, 此聖人之政也. 喪不過三年, 示民有終也. 爲之棺槨衣衾而擧之. 陳其簠簋, 而哀慼之. 擗踊哭泣, 哀以送之. 卜其宅兆, 而安措之. 爲之宗廟, 以鬼享之. 春秋祭祀, 以時思之. 生事愛敬死, 事哀慼, 生民之本盡矣, 死生之義備矣, 孝子之事親終矣.